LEO TUOR
GIACUMBERT NAU

Cudisch e remarcas da sia veta menada
Bemerkungen zu seinem Leben

Rätoromanisch und deutsch

Aus dem Rätoromanischen von Peter Egloff

Limmat Verlag
Zürich

«Giacumbert Nau» ist rätoromanisch 1988, deutsch 1994 im
Octopus Verlag, Chur, das erste Mal erschienen. Unser Dank
für die Unterstützung gilt Andreas Joos, Ruschein/GR.

Im Internet
› Informationen zu Autorinnen und Autoren
› Hinweise auf Veranstaltungen
› Links zu Rezensionen, Podcasts und Fernsehbeiträgen
› Schreiben Sie uns Ihre Meinung zu einem Buch
› Abonnieren Sie unsere Newsletter zu Veranstaltungen
und Neuerscheinungen
www.limmatverlag.ch

Das *wandelbare Verlagsjahreslogo* des Limmat Verlags auf
Seite 1 stammt aus dem Büchlein «So schreibt man …
Illustriertes Wörterbuch» aus dem Jahr 1962, herausgegeben
und illustriert von Rudolf Blöchlinger im Verlag Arbeits-
kreis für ganzheitliche Unterrichtsgestaltung, St. Gallen:
«Wird dir im *Meer* der Wörter bang, / dann frag von jetzt
an nicht *mehr* lang. / Benutz' dies Buch mit sicherm Griff: /
So schreibt man *schief* und so das *Schiff!*» Die wiedergege-
bene Zeichnung illustriert «der Pass».

Umschlagbild: *Pass Diesrut und Glatscher dalla Greina*, kolo-
rierte Kaltnadelradierung von Bryan Cyril Thurston, Uerikon/ZH
Typographie und Umschlaggestaltung von Trix Krebs

© 2012 by Limmat Verlag, Zürich
ISBN 978-3-85791-679-3

per Christina

In che nescha sin quatertempras
empren bia pli tgunsch en scola
e pli tard vesa el spérts,
strias e barlots.

*Quatemberkinder
lernen viel leichter in der Schule,
und später sehen sie Geister
und Hexenspuk.*

Tschun stads ch'jeu sun staus alla tscherca
dil cavagl alv da Blengias, tschun stads.
Jeu hai envidau o el, hai provocau el, hai
cudizzau el, hai sgiavlau e rugau neutier el,
hai carmalau el, mess estga, spiunau.
Nuot! Bu pil giavel!

Vesess bugen igl Alv da Blengias inaga,
per lu crapar sco la glieud.

Fünf Sommer habe ich das weisse Pferd
von Blengias gesucht, fünf Sommer lang.
Ich habe es herausgefordert, provoziert, gereizt,
habe es herbeigeflucht und herbeigebetet,
geködert und gelockt, ihm aufgelauert.
Nichts! Auch in drei Teufels Namen nicht!

Sähe ihn gern einmal, den Schimmel von Blengias,
um nachher anständig krepieren zu können.

Seregordel.

El era buca grad gronds e buca bia bials. Per esser in um veva el pauc spatla, sil pèz negina pelegna. Ina comba era in tec memia cuorta, e perquei enconuschevan ins el vid igl ir schon tilada naven. (Ir mava el darar spèrt per esser pastur. Forsa pervia da quella comba, forsa perquei ch'el veva adina la disa da star eri e spieghelar.)
In maun fin veva el. Vid il maun seniester vargava mo il polisch dalla vart ora, tschella detta era naven. Il sulet bi ch'el veva per mei vidad el eran ses egls, aber ei duvrava bia tochen ch'el mirava els egls a zatgi, pertgei el veva pli bugen ils tiers che la glieud. El hassiava la glieud, surtut quei che veva num «pievel», quella muaglia tschocca e tuppa aschi leva da dar la direcziun che prers e politichers levan.
Na, patertgar era buca la fermezia dalla glieud. Ura e lavura e patratga nuot. Haver lavur e restar tups e tschintschar adina la medema pustracca da rietscher. Aschia era la glieud.
Odi, sprez e rir eran sias armas encunter la tuppadad. La finala ha el stuiu untgir sc' in tier blessau ellas alps e lu svanir, svanir sco la neiv digl onn vargau. Buca dumandei nua.

Cardientscha veva el buc, e fidar fidava el mo a siu tgaun. Inagada che Albertina veva detg ch'ella vegni a visitar el, veva el manegiau: «Jeu creiel pér cu jeu vesel tei.» Ed ella sedustond: «Sch'jeu hai detg che jeu vegni, sche vegn jeu!» El ha mo ris lev, peter. Detg lu (sai buca sch'el ha detg quei per dir siper Albertina ni plitost

Ich erinnere mich.

Er war nicht gerade gross und nicht besonders schön. Schmale Schultern hatte er für einen Mann, und keine Haare auf der Brust. Ein Bein war etwas zu kurz, deshalb erkannte man ihn schon von weitem am Gang. (Obschon Hirt, ging er selten rasch. Vielleicht wegen diesem Bein, vielleicht weil er die Gewohnheit hatte, immer wieder stehenzubleiben, den Feldstecher zu nehmen und zu spiegeln.)
Eine feine Hand hatte er. An seiner Linken waren aber, bis auf den Daumen, alle Finger ab. Für mich war eigentlich nur etwas an ihm schön: die Augen. Es brauchte jedoch viel, bis er jemandem in die Augen schaute, denn er hatte die Tiere lieber als die Leute. Er hasste die Leute, und ganz besonders hasste er, was man «Volk» zu nennen pflegt, diese blinde, blöde Herde, die sich so leicht in die Richtung dirigieren lässt, die den Pfaffen und Politikern behagt.
Nein, Denken ist nicht die Stärke der Leute. Ora et labora und denk nichts. Arbeit haben und dumm bleiben und den immergleichen Brei bis zum Erbrechen wiederkäuen: So sind die Leute.
Hass, Hohn und Gelächter waren seine Waffen gegen die Dummheit. Schliesslich aber musste er wie ein verletztes Tier in die Berge weichen und dann verschwinden, verschwinden wie der Schnee vom letzten Jahr. Fragt nicht wohin.

Glauben hatte er keinen, und er vertraute nur seinem Hund. Als Albertina einmal sagte, dass sie ihn besuchen komme, meinte er: «Ich glaube es erst, wenn ich dich

siper sesez): «Sedi ei bu che quels che vivien ellas alps
hagien in'atgna cardientscha?» E vinavon ha el fatg:
«Glauben macht selic und sterben macht steric.»
Schon cun gissiat veva el calau da crer el Diu dils catolics, il Diu da puccaus e penetienzias che teneva mo
culs prers, perquei ch'els schevan tgei che Dieus ditgi.
Ella verdad ch'ei perdegavan ed ella gestadad veva el
calau da crer ualti spert.
Ed aunc zatgei:
El carteva buca ch'il carstgaun seigi buns.
«Jeu sai ch'jeu sun schliats.»
Quei era ina da sias paucas construcziuns. Il tun da
quels sis plaids fageva freid a mi dil dies giu. Ses egls
bellezia buglievan els mes, ed el scheva:
«È ti sas che ti eis schliats.»
Ed jeu savevel ei.
Sia olma fageva savens mal ad el, gliez sentev'jeu vida
sia vusch. Scarts eran ses plaids, darar construcziuns
entiras. Ins capeva buc adina tgei ch'el scheva, tgei
ch'el manegiava. Jeu hai scret tut sco jeu hai udiu e viu.
Ses plaids ein i en miu saung senza ch'jeu capeschi adina els. Aber ston ins insumma capir tut adina? Giacumbert era siu num, e cul medem bustap entschevevan
ils nums da sias pastiras.

Loschs era el da sia feglia ch'el veva fatg cun ina maridada, aunc pli loschs aber ch'el era vegnius da far ina
poppa grad cun quella femna ch'el leva, sefutrond ina
fuera dallas leschas e dallas moralas, senza che zatgi
s'encorschi, gnanc il «vegl» buc (sco el numnava igl um
dad ella). Aschia veva el inagada giu siu gaudi, lu procurau che siu raz mieri buca ora epi aunc stuppau la

sehe.» Sie wehrte sich: «Wenn ich sage, ich komme, dann komme ich!» Er hatte nur leise und bitter gelacht und dann gesagt (zu Albertina? zu sich? – ich weiss es nicht): «Heisst es nicht, dass die, die auf den Alpen leben, einen eigenen Glauben haben?» Und noch hinzugefügt: «Glauben macht selig, und Sterben macht steif.»
Bereits mit siebzehn hatte er aufgehört, an den Gott der Katholiken zu glauben, den Gott der Sünden und der Beichtstühle, der immer zu den Pfaffen hielt, weil die Pfaffen sagten, was Gott sage. Früh hatte er aufgehört, an gepredigte Wahrheiten und an die Gerechtigkeit zu glauben.
Und noch etwas:
Er glaubte nicht, dass der Mensch gut sei.
«Ich weiss, dass ich schlecht bin.»
Das war einer seiner seltenen Sätze. Der Klang der sechs Wörter liess mich schaudern, und seine wunderschönen Augen glühten in meinen, als er hinzufügte: «Auch du weisst, dass du schlecht bist.»
Da wusste ich es.
Seine Seele schmerzte ihn oft, das verriet mir seine Stimme. Karg waren seine Worte, kaum jemals ganze Sätze. Man verstand nicht immer, was er sagte, was er meinte. Ich habe alles so aufgeschrieben, wie ich es gehört und gesehen habe. Seine Worte drangen mir ins Blut, ohne dass ich sie immer verstanden hätte.
Aber muss man immer alles verstehen? Giacumbert war sein Name, und denselben Anfangsbuchstaben hatten die Namen seiner Weiden.

Stolz war er auf seine Tochter, die er mit einer Verheirateten gemacht hatte. Stolzer noch war er darauf, dass

bucca a tut ils smaccabuglia, allas femnas veglias, allas buccas largias ed allas buccas liungas. A mi mez sai jeu daco ch'el ha giu detg quei: Per ch'jeu scrivi si, cu el seigi naven, e per ch'ei vegnien tuttina aunc sissu.

Giacumbert ei naven, e las pastiras ch'entschevevan cul medem bustap ein destruidas.
Seregordel aunc da quater lingias ch'el scheva si bugen (pervia dil tun dils plaids forsa, jeu sai buc):

> *Hai jeu buca gest durmiu*
> *sigl altar da nies grond Diu,*
> *tschuffergnau la sien dils gests,*
> *sestrihau vida tes bests?*

La davosa gada ch'jeu hai viu el:
«Neus sevesin eunc, sil pi tard giu gl'uffiern.
Las bialas ein giu leu. Adio!»

Tgietschen & alv eran sias colurs preferidas.

er ein Kind mit genau der Frau hatte, mit der er es haben wollte, dass er sich dabei einen Dreck um Moral und Gesetz gekümmert und dass niemand nichts gemerkt hatte, nicht einmal der Alte (wie er ihren Mann zu nennen pflegte). So hatte er erstens sein Gaudi gehabt, hatte zweitens dafür gesorgt, dass sein Schlag nicht aussterben würde, und hatte obendrein alle Klatschmäuler gestopft. Warum er's mir erzählt hat, weiss ich: Damit ich es aufschriebe, wenn er fort wäre, und so doch noch alle dahinterkämen.

Giacumbert ist fort, und die Weiden, die mit demselben Buchstaben begannen, sind zerstört.
Erinnere mich noch an einen Vierzeiler, den er gerne hersagte (wegen dem Klang der Wörter vielleicht, ich weiss es nicht):

Lag ich just in Träumen flott
auf dem Altar beim grossen Gott,
hab der Gerechten Schlaf gestört
und mich an deinem Leib betört?

Als ich ihn zum letzten Mal sah, rief er:
«Wir sehen uns noch, spätestens in der Hölle.
Die Schönen sind dort unten. Addio!»

Rot & Weiss waren seine liebsten Farben.

Ti vegnas siper mei,
ti damondas mei tgi che Giacumbert seigi.
Emporta pauc. Numna semplamein Giacumbert igl um
dalla Gaglinera.

La Gaglinera ei leu nua ch'ei mettan gaglinas sut pastur.

Tgi ei Giacumbert?
Tgi ei la Gaglinera?

Forsa endrieschas ti quei, sche ti sentas, schiglioc buc,
lu numdediu!
Aber sche ti vegnas inagada sul Pass, lu vesa tiu egl
la scarsira dalla tiara e dils plaids, e forsa sentas ti
l'olma malguessa dil carstgaun da carn ch'jeu numnel
Giacumbert.
Sche ti sentas quei, lu eis ti tez Giacumbert ni
Albertina, e lu ein tias colurs preferidas:

Tgietschen & alv.

Du kommst zu mir,
du fragst mich, wer Giacumbert sei.
Was soll's. Nenn Giacumbert einfach den Mann
der Gaglinera.

Die Gaglinera ist dort, wo die Hühner einen Hirten
haben.

Wer ist Giacumbert?
Wer ist die Gaglinera?

Vielleicht erfährst du es, indem du es erspürst, und
sonst eben nicht, in Gottesnamen.
Aber wenn du einmal über den Pass kommst, dann wird
dein Auge die Kargheit des Bodens sehen und die Kargheit der Wörter, und vielleicht spürst du dann die vage
Seele jenes Menschen aus Fleisch, den ich Giacumbert
nenne.
Wenn du das spürst, dann bist du selber Giacumbert
oder Albertina, und dann sind deine liebsten Farben

Rot & Weiss.

Sche ti vegnas sul Diesrut, sche ti has igl egl, sche vesas
ti el plaun sin crest la muschna dil fecler dil cavalè.
Sche ti has igl egl.
Tiu egl ei ti'olma.

Giacumbert stauscha anavos la capiala.
Giacumbert ha buca marveglias dil Plaun,
Piano della Grena.
Giacumbert va ad in ir.
Giacumbert sefetga sco ses tiers dil trutg ner siaden,
stauscha aunc plinavos la capiala, marcla il bintgun
silla crappa, dentergiuaden ed el tschespet.

Giacumbert sefetga.

Wenn du über den Diesrut kommst und das Auge dafür
hast, dann siehst du in der Ebene auf kleinem Hügel
den Steinhaufen, der einmal die Hütte des Rosshirten
war.
Wenn du das Auge hast.
Dein Auge, deine Seele.

Giacumbert schiebt den Hut zurück.
Die Ebene interessiert Giacumbert nicht,
Piano della Grena.
Giacumbert geht in einem fort.
Giacumbert zwängt sich verbissen den schwarzen Pfad
hinan, wie seine Tiere, schiebt den Hut noch weiter
aus der Stirn, rammt den Stock auf die Steine, zwischen
die Steine, in den Rasen.

Giacumbert zwängt.

Giacumbert teidla a raquintond, teidla
a garnugl a raquintond. Giacumbert teidla
il pastur, la ramur dalla Val.

Il spért e la val mieran mai.

Giacumbert lauscht, wie es flüstert, erzählt,
lauscht in sich gekauert,
Giacumbert lauscht dem Hirten,
dem Tal, seinem Raunen.

Der Geist und das Tal sterben nie.

Nua van tes trutgs Giacumbert? Ed ils trutgs da tiu tschurvi? E tia cavazza dira?

Sco tiu tschurvi semeinan tes trutgs, van buc en corda sco tes tiers.

Aber ston ils trutgs buca ir sco ils tiers van, van, van?

Wohin führen deine Pfade, Giacumbert? Und die Pfade
in deinem Kopf? Und dein harter Schädel?

Wie dein Hirn winden sich deine Pfade, folgen einander
nicht am Schnürchen wie deine Tiere.

Aber müssen die Pfade nicht wie die Tiere gehen, gehen,
vergehen?

Tgei fredas l'aura?

Ti eis buc in barometer. Quei sentiment vevan ils vegls.
Il sentiment dall'aura has ti buca pli.

Va en tiu fecler a maner e lai far!

L'aura vegn tenida giu ordaviert.

Was hältst du die Nase in die Luft?

Bist kein Barometer. Dieses Gespür hatten die Alten. Das Gespür fürs Wetter hast du nicht mehr.

Geh in deine Hütte, geh schlafen und lass das Wetter machen!

Das Wetter findet im Freien statt.

Nua mugentar, nua mognan ellas, nua?

Wo ist das Läger für die Nacht,
wo sollen sie ruhen,
wo?

I ein levadas, stattan en retscha el horizont grisch.
Ei para ch'ei stettien martuf silla greppa rodunda da
glatscher.

Las cordas vegnan neuagiu.
Tuttenina ina, duas, quater.
Ina pli spèrt,
sco tons e tons curals lungauns.

Quei fuss pia la Gaglinera.

L'ura muossa las sis, e Giacumbert ei schon tut giut,
mira e mira, surstat e surstat.

Quei fuss pia la gronda levada.

Sie sind aufgestanden, stehen reihenlang am morgengrauen Horizont. Gereckte Hälse, Köpfe, wie Männchen auf dem gletscherrunden Fels.

Die weissen Schnüre bewegen sich herab.
Eine, zwei, plötzlich vier,
eine rascher.
So viele längliche Perlen.

Das also wäre die Gaglinera.

Es ist sechs Uhr, und Giacumbert ist schon ganz verschwitzt.
Schaut und schaut, staunt und staunt
in den jüngsten Tag.

Giacumbert mira satel, va sc'in giavel tras bots e foras dalla Gaglinera. Baul vesas ti Giacumbert, baul mo sia capiala, baul vesas ti Giacumbert nuot.
Ei sto ferdar da neiv.
Da cuitgs buca perpeis.
Giacumbert sgiavla per ch'el hagi cauld.
Ei freda da neiv.

La Gaglinera vegn alva.
Nua ein tes tiers, Giacumbert?
Nua mognan tes tiers questa notg?

La neiv metta s'empleina ella Gaglinera.
La Gaglinera vegn uliva, uliva.

Giacumbert schaut finster und eilt wie ein Teufel über
Höcker und Furchen der Gaglinera. Mal siehst du
Giacumbert, mal nur seinen Hut, mal siehst du gar
nichts von Giacumbert.
Es muss nach Schnee riechen.
Von den Bauern keine Spur.
Giacumbert flucht, um sich zu wärmen.
Es riecht nach Schnee.

Die Gaglinera wird weiss.
Wo sind deine Tiere, Giacumbert?
Wo ruhen deine Tiere heut nacht?

Stumm legt sich der Schnee in die Gaglinera,
glättet ihr Gesicht.

Giacumbert? Cupidas?
Sur tia meisa en cupidas, Giacumbert?
Tgei vul ir enta letg!
Tiu letg ei memia cuorts en quei fecler dil fuortg. Ti has mender che tes tgauns che dorman daditg ed aulzan mo mintgaton igl egl per mirar sche ti stezzies vonzei la cazzola.

Giacumbert? Bist eingenickt?
Über deinem Tisch bist du eingenickt, Giacumbert?
Aber was solltest du im Bett!
Dein Bett in dieser Henkershütte ist zu kurz. Du hast es schlechter als deine Hunde, die schon lange schlafen und nur ab und zu mit einem Auge blinzeln, um zu schauen, ob du nicht bald die Lampe löschen wirst.

Giacumbert ha da runar suenter la Veglia.
Oz ei midada.
«Aah-tit-tit-tit-tit-titaaaaaaaaaaa!»
Ha buca prescha, la Veglia, ha aunc da ziplar dretg dil trutg e seniester dil trutg, sestender tier quella caglia e strer vid tschella caglia. Ils bè-hès sestendan secund sco'l sughet stila. Mira anavos Giacumbert, da nausch, la pazienzia gleiti finida, va tgaupéz sugl ansiel pign en che sto esser baul davon denter comba
e baul davos denter comba,
il marviglius.

Ei uss en venter en trutg Giacumbert, il cavrer.

Mo pazienzia, tochen zera essan nus forsa nua che nus lein. Aah-tit-tit!

L'ansola letga ora l'ureglia ad el.

Giacumbert schleift die Alte hinter sich her.
Heute geht's zur andern Hütte.
«Aah-ti-ti-ti-ti-tit-aaaaaaaaaaa!»
Sie hat's nicht eilig, die Alte, zupft rechts noch vom
Pfad ein Kräutchen und links vom Pfad einen Halm,
reckt den Hals nach diesem Strauch und rupft an jenem
Büschel. Ihr mä-hää wird gedehnter und kürzer, je
nachdem wie stark der Strick sie würgt. Zurück schaut
er, Giacumbert, finster, am Ende schon fast mit seiner
Geduld, halsüberkopf stolpernd übers kleine Zicklein,
das bald hinten, bald vorn ihm zwischen die Beine gerät
aus Vorwitz.

Liegt auf dem Bauch am Boden jetzt er, Giacumbert,
Hirt seiner Ziegen.

Nur Geduld, bis zum Abend sind wir vielleicht dort, wo
wir möchten. Ah-ti-tit!

Das Zicklein leckt ihm das Ohr aus.

Giacumbert smuglia siu paun.
Paun ei mai dirs, quendisch e vegn dis vegls.
Giacumbert smuglia siu paun sec.
Paun dir dat ei buc.

Giacumbert rui solemnamein siu paun e migliacca sia
carnpiertg melna e sfracca la nezza cunti cun siu paun.

Tgei sei, Giacumbert? Ti has buca carn pli.
Senza carn eis ti piars. Ti sas buca viver mo
da verduras e fretgs e fueras e miardas,
ti drovas carn. Tes antenats vegnan dil luf,
ti drovas carn, carn.
Ti eis mai pleins, ti drovas carn.

Giacumbert kaut sein Brot.
Hartes Brot ist nicht hart,
auch nach zweidrei Wochen nicht.
Giacumbert kaut sein trockenes Brot.
Hartes Brot gibt es nicht.

Giacumbert nagt feierlich an seinem Brot
und schlingt und schluckt an seinem gelben Speck
und bricht im Brot die Messerklinge ab.

Was ist, Giacumbert? Du hast kein Fleisch mehr.
Ohne Fleisch bist du nichts. Du kannst nicht leben
von Früchten und Gemüse und solchem Zeugs,
du brauchst Fleisch. Deine Ahnen stammen ab vom
Wolf, Fleisch brauchst du, Fleisch.
Bist nimmersatt, brauchst Fleisch.

«I»

«i i i i i – i i i i i»

Giacumbert runa il tgaun per las ureglias ord letg:
«i i i i i i i i i i i»

«Enta letg bu, ti piertg, enta letg bu!»
«i i i i i i»

«Huder!»

«I»

«i i i i i – i i i i i»

Giacumbert schleift den Hund an den Ohren
aus dem Bett:
«i i i i i i i i i i i»

«Raus, du Schwein!»
«i i i i i i i»

«Lump!»

Giacumbert stat spalier sper la liunga corda da ses
tiers che serpegian dil trutg enagiu. Giacumbert mira e
mira cun deletg la corda dalla remarcabla processiun
che va sco ella ha dad ir. Giacumbert sulets stat spalier
sper la liunga liunga processiun, buca sco da somPlaci,
nua ch'ils paucs van en processiun e tschels miran tier
ni semus-chegian cun cameras e fotografems e clipper-
gnem e strubigem ed empruem, s'enschanugliond e
seplaccond e sesturschend e seruschnond suenter
crusch e stgalin.

Ils tiers da Giacumbert han teniu lur rituals.
Mo la carstgaunadad stat spalier,
la decadenza.

Giacumbert steht Spalier neben der langen Perlenschnur, die sich den Pfad herunterschlängelt. Giacumbert schaut und schaut entzückt auf die lange Prozession, die geht, wie sie zu gehen hat. Giacumbert steht ganz allein Spalier neben der langen Prozession, nicht wie an Sankt Placi, wo nur wenige in der Prozession gehen und alle anderen gaffen und herumschwärmen mit Kameras und Klimbim, knien und rutschen und sich bücken und beugen, kriechen vor Kreuz und Fahne und Geschell.

Giacumberts Tiere haben ihre Rituale bewahrt.
Nur die Menschheit steht Spalier,
die Dekadenz.

La retscha largia da launa semuenta anavon sur bots e crests. Ils zarts vegnan magliai giu sil tratsch. Ina luna tuppa dad ina sa spuentar gl'entir rosch spuretg en ina autra direcziun.
Epi seruschna la retscha puspei sco sch'ei fuss stau nuot. Mintgaton aulza ina il tgau, smugliond cun suspect vinavon. Las stgellas scarsas fan tin tin. Vinavon semova la retscha
                avanti avanti
                avanti populo
                senza ruaus
                senza ruaus.
Vargan il muletg, vargan il crest, laschond anavos ruschnauns e netschs e puschels liungs e bè-bès.

Die breite Front aus Wolle bewegt sich vorwärts über Höcker und Hügel. Frisst die zarten Gräser bis auf die Wurzel ab. Die dumme Laune eines einzelnen Tieres reicht, um der ganzen schreckhaften Schar eine andere Richtung zu geben.
Und dann geht es wieder vorwärts, als ob nichts gewesen wäre. Manchmal hebt ein Tier den Kopf, misstrauisch weitermahlend. Die wenigen Schellen klimpern ihr tin tin. Weiter bewegt sich die Front
> avanti avanti
> avanti popolo
> ohne Ruh
> ohne Ruh.

Lässt die Nachtweide hinter sich und den Hügel, lässt Mist hinter sich und zähes Borstgras, lange Büschel, und ihr bäh bäh.

Cheu has ti il vent cun tei

S c h s c h u u

s c h s c h i u

s c h w v v i u i u i u v v

s c h s h i w s s s s c h v v

S s s s s s s s s s s s s s s s

s f v s f v s c h

Speila il tgaun,
spoglia il pastur,
fa malschuber cun tut.

Mazzacauras magari e favugn enina.
Ti eis sil cunfin dallas auras,
denter nord e sid nua che l'aura fa tgei
ch'ella vul.

Nua che negin vegn a ste cun l'aura.

Hier ist der Wind mit dir

S c h s c h u u

s c h s c h i u

s c h w v v i u i u v v

s c h s h i w s s s s c h v v

S s s s s s s s s s s s s s s

s f v s f v s c h

Zerzaust den Hund,
entblösst den Hirten,
treibt es mit allen,
der wüste Gesell,
Bise und Föhn zugleich.

Auf Wetters Scheide bist du,
zwischen Nord und Süd.
Hier macht es, was es will,
und keiner kommt mit ihm zurecht.

Jeu vesel in viriveri da cavals buca enferrai, combas e
venters e tgils e cuas e beras inengliauter. Il vent tgula
tras il sbugl muoti da veta e carn. La péscha cavagl ha
tartignau las palius. Ils meanders ein cotschens e re-
flectan il gihir dil striegn. Jeu vesel musclas stendidas
e fredel il fried che morda e vilenta mias narischs. Vesel
tgaus liungs, stendi ils baditschuns, venters cun en
pulein, buccas sut, egls gronds gronds el sburflar dil
turmegl. Vesel in grond sdavalem el plaun infinit,
viers il stavel dil sid.

La cruna dil Coroi mazza miu egl.

La Val dil Draus speila miu spért, spoglia miu tschurvi.

Sun mo carn pli.

Miu egl mellen vesa las auas
che vegnan buglia ed entscheivan a stilar,
vegnan diras.
Audel cavals en moviment e sin biet
il cavalè cun cavellera cotschna.
Eisi um ni eisi femna?

Vesel buc endretg la butschida,
seregordel buca da tettas.

Ich sehe ein Getümmel von unbeschlagenen Pferden,
von Beinen und Bäuchen, Kruppen und Schweifen und
Mähnen. Der Wind wiehert durch das mutwillige
Gewühl aus Leben und Fleisch. Harngetränktes Moor,
rote Mäander spiegeln den keuchenden Spuk. Ich sehe
gespannte Muskeln, meine gereizten Nüstern wittern
beissende Wogen. Ich sehe schlanke Köpfe, füllige Bäuche, gebleckte Zähne, lange Kiefer, schimmernde Augen
im Schnauben des Wirbelwinds. Die weite Ebene ein
Stampfen und Stieben gen Süden.

Die Schneekrone des Coroi tötet meinen Blick.

Die Val dil Draus zerzaust meinen Geist, entblösst
mein Hirn.

Bin nurmehr Fleisch.

Ich sehe gelben Auges das Wasser,
das Brühe wird und stockt, erstarrt.
Höre Pferde im Lauf, und auf dem Hügel
steht rotmähnig der Rosshirt.
Ist es ein Mann, ist's eine Frau?

Sehe nur undeutlich die Hüften,
erinnere mich nicht an Brüste.

Il tier po buca pli. Igl ei uras. Ils egls ein unflai.
La bucca ei schetga. Las mustgas grassas sussuran.
Il tgaper setschenta. Igl ei uras.
Il tier lai strihar Giacumbert. Metta siu tgau ademplat
sin in crap plat sco per dar d'entellir: fai fin.

Giacumbert streha e streha il tgau malsaun.
Igl ei uras.
La sigir ha sfraccau e sfraccau la cavazza.
La crappa ei cotschna.
Ditg ha Giacumbert fatg giu la sigir vid la launa.

Der Mohr hat seine Arbeit getan.
Der Mohr kann gehen!

Das Tier kann nicht mehr. Die Stunde ist da. Verschwollene Augen, trockenes Maul. Fette Fliegen summen.
Der Rabe wartet. Die Stunde ist da.
Das Tier lässt sich von Giacumbert streicheln. Legt seinen Kopf auf einen flachen Stein, als ob es sagen wollte: Mach ein Ende.

Giacumbert streicht lange über den kranken Kopf.
Die Stunde ist da.
Wieder und wieder ist die Axt auf den Schädel niedergekracht.
Die Steine sind rot.
Lange hat Giacumbert die Axt an der Wolle abgewischt.

Der Mohr hat seine Arbeit getan.
Der Mohr kann gehen!

Giacumbert Nau ei staus siat stads ad alp,
mai quendisch dis meins.

Giacumbert Nau war sieben Sommer auf der Alp weniger vierzehn Tage.

Tgei purteis ad el il Blic!
Eis ti in legiablic? Duei tgi che vul leger il Blic. Interes-
seschan tei las femnas bluttas sil pupi? Buca fetg! Ti
stos ver carn enta maun, carn enta letg, schiglioc eis ti
buca cuntents. E cu ti has inaga quei che ti vul, lais
ti far miarda e vas tias vias. Ti eis bestials, bestials sco
Pizarro e sia rateina dil huz. Ti eis in um.

Ti eis zuar buc in legiablic sco'ls letgatgils, ti vul la
sensaziun, buca leger la sensaziun.

Legi vies Blic marsch luverdis e dumengias, fiastas e
firaus, tuppadira, legi e vegni aunc pli tups e tuppira.
E veies buca tema che vus vegnîes sin tiarms, pertgei
la tuppadad ha buca cunfins.

Was bringt ihr ihm den Blick?
Bist du ein Blick-Leser? Soll den Blick lesen, wer will.
Interessieren dich nackte Frauen auf Papier? Nicht
besonders! Musst Fleisch in Händen haben, Fleisch im
Bett, sonst bist du nicht zufrieden. Und wenn du dann
gehabt hast, was du willst, gehst du deiner Wege.
Bestialisch bist du, bestialisch wie Pizarro und seine
Satansbrut. Ein Mann bist du, Giacumbert.

Aber kein Blick-Leser.
Du willst die Sensation leben, nicht lesen.

Lest euren faulen Blick an Werk- und Sonn- und Fest-
und Feiertagen, ihr Holzköpfe, lest und werdet noch
dümmer als dumm. Und fürchtet nicht, damit an
Grenzen zu stossen, denn die Dummheit ist überall
und grenzenlos.

Cu ti eis siadentasum sil stretg, sche va tiu cunfin sco l'aua dat giu (ils trutgs dattan tes tiers en) schreg siaden treis salidadas sur quei crap gries, sas buca fallir. Tiu egl ei sfurzaus immediat da mirar el Coroi, bracs, loschs e lartgs.

El suentermiezdi tarlischan sias gondas finas el sulegl blau-grisch. Ils splahs da neiv ein sper las bleissas. Splahs e splahs, mintg'onn in tec auter.

Sco la clutscha gaglia serasa el sul Plaun, l'enorma gaglina en fatscha alla gronda gronda Gaglinera.

Wenn du oben ganz zuhinterst im Engpass stehst, verläuft deine Weidgrenze so, wie das Wasser fliesst, drei Ave lang schräg hinauf gleich über jenem grossen Stein, kannst es gar nicht verfehlen. Dein Auge fällt sofort auf den Coroi, den stolzen, behäbig breiten.
Am Nachmittag schimmern seine feinen Runsen blaugrau in der Sonne. Schneeflecken leuchten neben grünen Bleisen. Fleck neben Fleck, jedes Jahr ein wenig anders. Breit macht sich der Coroi in die Ebene hinaus, wie die gescheckte Glucke. Ein Riesenhuhn. Und gegenüber die weite, weite Gaglinera.

Spetga.
Spetga, jeu vegnel.
Jeu stoi mo aunc tener ellas, schiglioc fuian ei
a mi si sut il glatscher. Spetga mo aunc ina
minuta, jeu cuorel. Stoi mo volver la da stgella.
Spetga, stoi mo rebatter ellas. Mo ina,
epi va l'entira muntanera sco jeu vi.

Spetga mo ina minuta.

Aber il skelet smalediu veva buca spitgau Giacumbert.
El veseva mo pli las missialas culs dents,

        la faultsch, la terca.

Mo ina fuera vess el aunc giu da far: volver sias nuor-
sas giud trutg, mo la da stgella. Aber las missialas,
l'ossadira lahargnonta rentava el vid la tiara sco vida
fier schelau. El stueva mirar co ses tiers mavan ella
direcziun fallida.

        La faultsch, la terca,

veva suatiu el ina minuta memia baul. Giacumbert
mureva plaunsiu, vesend cun egl rut co ei furavan dil
trutg enasi ella direcziun cuntraria, el mureva senza
vegnir da far sia obligaziun.
El mureva egl imperfect.

Wart.
Wart, ich komme.
Ich muss sie nur noch aufhalten, sonst entkommen sie mir gegen den Gletscher hinauf. Wart nur noch eine Minute, ich eile. Muss nur das Leittier wenden, das mit der Schelle. Wart. Eines nur wenden, dann macht die ganze Herde, was ich will.

Wart nur eine Minute.

Aber das verfluchte Gerippe mochte nicht warten auf Giacumbert. Er sah nur noch Kiefer, Zähne,

   die Sense, die krumme.

Eine Kleinigkeit wär's gewesen: Seine Schafe vom Pfad treiben, nur jenes eine mit der Schelle noch. Aber kichernde Kieferknochen hielten Giacumbert am Boden fest wie an gefrorenem Eisen. Zuschauen musste er, wie seine Herde in die falsche Richtung zog.

   Die Sense, die krumme,

sie hatte ihn eine Minute zu früh ereilt. Giacumbert starb langsam, den brechenden Blick auf seinen Schafen, die den steilen Pfad hinauf in die falsche Richtung drängten. Er starb, ohne seine Pflicht erfüllt zu haben.
Er starb im Imperfekt.

Cheu vegn in di in um siper Giacumbert,
tschappa el pella gargatta e di:

«Tgei sei?»

(Pausa)

«Tiu lungatg ei schelbs.»

(Pausa)

«Tes egls rumpan.
E tuttina, ti stos tener la dira. Tiu tgierp ei paliu.»

Cheu va in di ina dunna naven da Giacumbert, di nuot,
va.

Mia olma ei ina teila falien rutta.

Kommt eines Tages ein Mann zu Giacumbert, packt ihn an der Gurgel, sagt:

«Was ist?»

(Pause)

«Deine Sprache ist schief.»

(Pause)

«Dein Blick ist gebrochen, dein Körper ein Sumpf. Aber du musst durchhalten.»

Geht eines Tages eine Frau fort von Giacumbert, sagt nichts, geht.

Meine Seele, ein zerrissenes Spinnweb.

Las steilalvas ein ella preit neidia.
Ils bauns vegnan pli e pli graschels.
Il maun palpa vinavon, vinavon.
Il regl da garegiar catscha el ella preit.

Va anavos, tgaun, va!

Aber pil tgaun dat ei buca anavos, e per el dat ei buca anavos.
Da maun dretg sfraccan las auas dalla gronda cascada.

Va anavos, tgaun, va! Va, Diabola, va!

Ella mira e mira, tgula e fa; ei va buca pli. Las auas fan spema. Alv ed alv, las preits grischas, las flurs grischas, il tgaun alv, ils nibels mellens.
Aunc in tec ed aunc in tec, il maun enguord palpa nervus ils fustitgs, scarpa, rumpa e catscha en bucca els.

Ils egls tarlischan sco quels d'in tier che ha febra.

Die Edelweiss sind in der glatten Wand.
Das Felsband wird schmaler und schmaler.
Die Hand tastet nach vorn, immerzu nach vorn.
Brennende Begierde treibt ihn in die Wand hinaus.

Geh zurück, Hund, geh!

Aber es gibt kein Zurück für den Hund, und es gibt kein
Zurück für ihn.
Rechts dröhnen die Wasser der grossen Kaskade.

Geh zurück, Hund, geh! Geh, Diabola, geh!

Sie schaut und schaut, winselt, zögert:
Es geht nicht mehr. Die Wasser schäumen.
Weiss und weiss, die Wände grau, die Blumen grau, der
Hund weiss, die Nebel gelb.
Noch ein wenig vorwärts, und noch ein wenig.
Gierig streckt sich die Hand nach den Stielen, reisst
und knickt und bricht und stopft sie in den Mund.

Die Augen glänzen wie bei einem Tier, das Fieber hat.

Cheutras lessel attestar che las duas nuorsas (ina la da stgella) dil suranumnau seigien rucladas pils 26 d'uost ella Gaglinera, dretg siaden ellas Preits sco il vallet dil cunfin digl arvadi dat si, visavi Crap Gries. Ellas eran memia fetg ella preit dil Vonn cu la neiv ei vegnida, sefitgavan engiu enstagl d'ensi. Il pastur ha saviu far nuot dano mirar tier co ellas ein idas empaglia.

           ei segna: il pastur

Möchte hiermit bestätigen, dass die zwei Schafe des Obgenannten (eins davon das Leittier) am 26. August auf der Gaglinera erfallen sind, rechts oben in den Preits, etwa in der Fortsetzungslinie des Tälchens, das die Weide begrenzt, vis-à-vis vom Crap Gries. Sie waren zu weit in die Wand des Vonn hineingeraten, als es zu schneien begann, wollten dann hinunter statt hinauf. Der Hirt konnte nichts machen. Nur zuschauen, wie sie kaputtgegangen sind.

Gezeichnet: der Hirt

Tgei ei pli bi che ir a pei blut?
(Sil tschaffun craschla in tgaper.)
Per nuot ha'ls prers buca scumandau aschi ditg sco ei
han saviu dad ir a pei blut. A pei blut tras la paliu
dall'amur, trals pastgs bletschs dallas pastiras, tras la
buatscha dil stavel, tras ils letgs dil muletg ch'il lom
catscha denter la detta-pei si.
(Sin in tschaffun craschla il rauc.)

Ils prers han craschlau o!

Schia?

Gibt es etwas Schöneres als Barfussgehen?
(Auf der Krüppeltanne krächzt ein Rabe.)
Nicht umsonst haben die Pfaffen das Barfussgehen
verboten, so lang sie konnten. Barfuss durch den
Sumpf der Liebe, durchs nasse Gras der Weiden,
durch die Fladen auf dem Stafel, durch die Läger der
Nachtweide, wo's einem weich zwischen den Zehen
hochquillt.
(Auf einer Krüppeltanne krächzt es heiser.)

Die Pfaffen haben ausgekrächzt.

Ach ja?

La veta ei curiosa.
Pli baul era la Bergamotta melna, ed ils buobs fagevan pésch ella butteglia e devan da beiber Bergamotta allas buobas.
Adina mudergiar las buobas.
Oz ei la Bergamotta alva, aber il pésch ei buca vegnius alvs. Pli baul era la Bergamotta melna.
Quei ei legher, quella veta. Pli bia Vegls ch'ins sgurtegia e pli bia Veglias che sguregian. Quei ei bein logic.
Sgurtiar per ch'ei stoppien sguriar. Quei ei il giug dallas troccas.

Jeu hai ina caura che ha stuiu murir, lalala lalala lalalalala.

Das Leben ist kurios.
Früher war die Bergamotte-Limonade gelb, und die
Buben brunzten in die Flasche und gaben den Mädchen
Bergamotte zu trinken.
Immerzu die Mädchen plagen.
Heutzutage ist die Bergamotte-Limonade weiss, aber
der Brunz ist nicht weiss geworden. Früher war die
Bergamotte-Limonade gelb.
Lustig, dieses Leben. Je mehr Könige man schindet,
desto heisser wird den Königinnen. Ist doch logisch.
Könige schinden, damit die Königinnen ins Schwitzen
kommen. So ist das im Tarock.

Die Geiss ist tot, die Geiss ist tot, lalalalalaaa lalalaaa
laaa laaa.

Und der Haifisch, der hat Zähne
Und die trägt er im Gesicht.

Giacumbert Nau, uss eis ti a mauns. Zuar seruschnas
ti dil trutg tessaglia enasi sco in tier blessau, vesas buc
il teis, il malsegir ella grugna vesas buc. Vul veser il
cavagl alv da Blengias, vesas buc. Aunc ei tia ura buca
cheu.

El sesgrefla e setacca sils grugns, tegn memia dad
ault en, toccun sur il trutg, per puspei stuer secamber-
lar engiu.

Enconuschas buca pli tes trutgs? Tes trutgs ein vegni
jasters sur notg.
Giacumbert sa buca tgei ch'el fa. Il mal ha tschaffau el,
ses egls ston tarlischar dil mal.
L'olma blessada maglia Giacumbert. Il di ei morts.
Tia detta ei alva dil tuccar en la crappa.
Silmeins tuccar crappa. Sur gl'Um Su fa Giacumbert si
ina dunna crap. Las larmas dattan giu sil tratsch.
Quei fa mal mal mal.
Quei fenda la crappa.
Mia olma ei ina teila falien rutta.

Ed ussa vegn il crap grond endamen, il crap che ti has
il pli bugen, il carpun en tschella alp nua che tut las
vaccas stuevan speraso cu ti catschavas giu encunter la
cavorgia vi en muletg suenter entscheinas, la notg
dallas diesch e las endisch cu la glina gidava tei ord la
paliu.

Und der Haifisch, der hat Zähne
Und die trägt er im Gesicht.

Giacumbert Nau, jetzt hat's dich erwischt. Noch
kriechst du zwar den steilen Pfad hoch wie ein verletztes Tier, hast kein Auge für den jähen Hang, siehst die
Gefahr bei den Felsköpfen nicht. Möchtest den Schimmel von Blengias sehen, siehst nichts. Noch ist deine
Stunde nicht da.

Er klettert und scharrt und klammert sich an die
Felsen, quert zu hoch in den Hang hinein, weit über
dem Pfad, muss mühselig wieder hinab.

Kennst du deine Pfade nicht mehr? Über Nacht sind sie
dir fremd geworden.
Giacumbert weiss nicht, was er tut. Der Schmerz
hat ihn gepackt, seine Augen schimmern im Schmerz.
Die verletzte Seele frisst an Giacumbert.
Der Tag ist tot.
Deine Finger sind weiss vom Anfassen der Steine. Steine
anfassen, wenigstens das. Über dem oberen Steinmann
baut Giacumbert eine Steinfrau. Die Tränen fallen zur
Erde.
Es tut weh weh weh.
Es lässt Steine bersten.
Meine Seele, ein zerrissenes Spinnweb.

Und jetzt kommt dir der grosse Stein in den Sinn, dein
liebster Stein, der Riesenstein auf jener andern Alp,
an dem alle Kühe vorbei mussten, wenn du die Herde
von der Abendweide hinuntergetrieben hast gegen

Ei numnan il carpun Crap Fess, il crap femna.

Und der Haifisch ...

die Schlucht und zum Läger, nachts um zehn oder elf,
wenn der Mond dir aus dem Sumpf herausgeholfen hat.

Sie nennen den Riesenstein Crap Fess, gespaltenen
Stein, Frauenstein.

Und der Haifisch ...

In, dus e treis, las cauras ein perpeis!

Beschlan e beschlan ch'ei vegni mulschiu,
han prescha, ston ir puspei sil plattiu,
zappetschan e tugnan e seglian entuorn,
secaveglian sin tetg e fan da stuorn,
tgadlognan, tgaumognan, da rietscher eis ei.
Il vegl aunc en sien sto en pei, sto en pei.
Ord il strom sto il vegl, avon cedan ei buc.
La veglia ha stagn – Giacumbert leva buc!

In, dus e treis, las cauras ein buca perpeis!

Eins, zwei, drei, die Geissen springen herbei!

Meckern und keckern, man solle sie melken,
drängeln, als würden die Kräuter verwelken.
Stampfen und stossen und bocken und trotzen,
rumpeln aufs Dach, es ist wirklich zum Kotzen.
Der Alte, noch müde, muss raus, er muss raus,
aus dem Stroh soll der Alte, es ist ihm ein Graus.
Die Alte fliesst über, hat ein Euter prallvoll –
Giacumbert horcht am Kissen, nichts ist wie es soll.

Fünf, sechs, sieben, die Geissen verstieben!

Il giat da Giacumbert ei exactamein 74,5 cm liungs. Da
quei fa la cua 24 cm, il tgierp cul tgau 41 cm ed il liung
cavegl dil barbis 9,5 cm. Il giat ei staus zun surstaus
ch'el vegni mesiraus in bi di avonmiezdi tuttenina,
ei sestrihaus vid il meter ed ha la finala schau ir quella
procedura sur el o. Silsuenter eis el sestendius, ha
aviert si ina bucca graschla, laghiau cuort e siglius sigl
esch sut ed ord fecler,
staus,
smenau la cua,
spiunau in mument,
sgartau duas ga sur l'ureglia enagiu (ina disa ch'el ha),
aunc dau ina selavada sco'ls giats dattan e furdibal
svanius eis el staus entochen tard ella notg che Giacum-
bert ha saviu levar e schar vegnir viaden il cumpogn
che vegn mai unfis da mular e mular cu el ha zatgei ella
cavazza.

Nua eis staus sil sfrac, giat?
Il giat di nuot, sestreha vid ils peis bluts da Giacum-
bert, beiba ora il latg ord il taglier, schubregia il barbis
e fa veschla spel tgaun.
Giat e tgaun e tgaun e giat.
Nuot di tiu giat e nuot di tiu tgaun, Giacumbert;
aber mintgaton, cu ei miran en tes egls, lu vesas ti ch'ei
vessen da dir enzatgei, enzatgei, e san buc e ston
quescher.

Giacumberts Katze ist exakt 74,5 cm lang. Davon entfallen auf den Schwanz 24 cm, auf Kopf und Rumpf 41 cm und auf das längste Haar im Schnurrbart 9,5 cm. Die Katze war sehr erstaunt, als sie eines schönen Vormittags plötzlich vermessen wurde. Sie rieb sich am Doppelmeter und liess schliesslich die Prozedur über sich ergehen. Dann streckte sie sich, gähnte schmal, duckte sich, sprang auf die Untertür und von da ins Freie,
verharrte kurz,
schwenkte den Schwanz,
äugte einen Augenblick,
fuhr sich mit der Pfote zweimal übers Ohr
(eine Gewohnheit, die sie hat),
wusch sich nach Katzenart,
und war im Handumdrehn verschwunden,
blieb verschwunden bis spät in die Nacht, als Giacumbert aufstehen und die Schlaumeierin hereinlassen musste, die niemals locker lässt, wenn sie sich etwas in den Kopf gesetzt hat.

Wo hast du dich herumgetrieben, Katze? Die Katze sagt nichts, streicht um Giacumberts nackte Füsse, leckt die Milch im Teller, putzt den Schnurrbart und rollt sich neben dem Hund zusammen. Katz und Hund und Hund und Katz. Nichts sagt deine Katze und nichts sagt dein Hund, Giacumbert. Aber mitunter, wenn sie dir in die Augen schauen, siehst du, dass sie etwas zu sagen hätten, und können nicht und müssen schweigen.

Jeu vess per tei ina buccada coher, in pign coherliet.
Cun quel sas ti far in tec caffè ni in tec suppa cu ti
stos star spels tiers sisu el Trutg da Camutschs, ni
silla Fuortga, ni nua che ti eis.
Jeu vess per tei in pign coherliet da gas, sche ti vul,
tonscha da scaldar siat otg liters aua, cun quei has ti
ditg. Mo levet, sche ti vul …

Ich hätt dir einen kleinen Kocher, ein praktisches
kleines Kocherli. Damit kannst du ein bisschen Kaffee
machen oder ein bisschen Suppe, wenn du bei den
Tieren bleiben musst, droben, beim Trutg da Camutschs
oder auf der Fuortga, oder wo du gerade bist.
Ich hätt dir ein kleines Gas-Kocherli, wenn du willst.
Das reicht, um sieben acht Liter Wasser zu wärmen,
das reicht dir für lange. Es ist ganz leicht, und wenn
du willst …

Muntaniala, va en tiu staup e siara la bucca! Tgei has adina da reclamar e tugnar? Tgei che ti fas interessescha buca quels da vischnaunca. Che tia treglia ei mo 1 m e 60 interessescha buca quels da vischnaunca. Che ti hagies vadretg avunda ni buc interessescha buca cua, e da piogns gnanc da tschintschar! Fai tes tipels, ti camel che ti eis in! Il pli grond tipel che la suprastonza fa ei la processiun da som Mudest. Tgei drovas piogn? Fai tes tipels, idiot!

Mungg, geh in dein Loch und schweig! Was hast du immer zu nörgeln und zu reklamieren? Was du hier oben treibst, interessiert die von der Gemeinde nicht. Dass deine Bettstatt nur einen Meter sechzig misst, interessiert die von der Gemeinde nicht. Keinen Schwanz interessiert es, ob die Schneebrücke bis Ende Sommer hält oder nicht, und mit einem Steg musst du denen schon gar nicht kommen. Mach einen Umweg, du Kamel, kannst ja tippeln! Der längste Tippel, den der Gemeindevorstand macht, ist die Prozession mit Sankt Modest. Einen Steg? Wozu? Mach deine Tippel, Idiot!

Damonda alla vischnaunca:

Ei Giacumbert ina muntaniala?

Mia alp ha ni fecler ni nuot. Sut in grep onsum il teis
sut muletg ei in staup da muntanialas. Cheu ei il rambot
sgulaus cun sac e pac da Giacumbert.
Il pilot scrola il tgau. Nua ch'el sappi setschentar, tes-
saglia. Giacumbert fa: «Tgei?» Igl um dalla capetscha
da pala e spieghel da sulegl enquera. Nuot. La finala
stat el miez meter sura plaun, e Giacumbert sa descen-
der bufatg, bufatg. El aulza viado il buob.
Adio, rambot da glas! El sesaulza en costas e sfundra
elegant schreg giu pil funs dalla Val.

La muntaniala runa il strom humid a sulegl sil grep
neidi, rocla en ruosna las butteglias da gas, surtrai la
finiastra rutta cun plastic, drezza en siu staup, sgara
sut letg ora la miarda da trenta stads: zatgei ch'ei stau
inagada in caltschiel, in pèr caultschas stericas da
militer, in plat resgia tut en ina ruina, in plat dad ina
platta da fiug, duas palas senza moni. Quei ei igl
inventari da mia alp.

Commentari dil gerau La Cuscha: «O quei fecler si cheu
ei nuota schi mal. Jeu sun zuar vegn onns buca staus
pli si cheu. Na, quei fecler ha dad esser in fecler
endretg. Pli baul ...» (Giacumbert tratga: sufl'el tgil!)

Pia fa Giacumbert la muntaniala. Selava sco las
muntanialas, fa si cavels sco las muntanialas e fa

Anfrage an die Gemeinde:

Ist Giacumbert ein Mungg?

Meine Alp hat keine Hütte, nichts. Unter einem Felsen, wo die Halde unterm Alpläger jäh abbricht, da ist ein Munggenloch. Dahin hat der Helihopp den Giacumbert mit Sack und Pack geflogen.
Der Pilot schüttelt den Kopf. Viel zu steil. Wo er da landen solle? Giacumbert macht: «Hä?» Die Dächlikappe wackelt, die Sonnenbrille sucht. Nichts. Schliesslich lässt er seinen Apparat einen halben Meter überm Boden heulen, und Giacumbert darf ganz, ganz vorsichtig aussteigen. Er hilft dem Bub heraus.
Addio, Helihopp. Seitlich schwenkt er in die Höhe und taucht elegant Richtung Talboden ab.

Der Mungg schleppt das feuchte Stroh an die Sonne auf den glatten Fels, rollt die Gasflaschen ins Loch, überzieht das kaputte Fenster mit einem Stück Plastik, richtet seine Höhle ein, kratzt unterm Bett den Dreck von dreissig Sommern hervor: etwas, was einmal ein Strumpf gewesen ist, ein Paar brettsteife Militärhosen, ein rostiges Sägeblatt, eine alte Herdplatte, zwei Schaufeln ohne Stiel. Das ist mein Alpinventar.

Kommentar von Gemeinderat Knorrig: «Oh, diese Hütte da oben, die ist gar nicht so übel. Bin zwar zwanzig Jahre nicht mehr da oben gewesen. Aber nein, das muss eine anständige Alphütte sein. Und früher ...» (Blas mir, denkt Giacumbert.)

durmidas sut cozza cun – va tier a vus nuot. Ed ils
tgauns fan muntaniala sco Giacumbert, ed ils tiers van
siaden e siaden la tessaglia, van ad in ir a magliond, a
tgigiond, a bischlond, van si e sur la Fuortga giu e dattan
sil Trutg da Cavals, van en corda encunter igl um crap
e davos vi e sul Fil Liung enagiu ad encurend pastiras
novas, pastiras pli bialas.

Giacumbert buenta ditg e liung il taur. El mira co la
siarp melna sefetga en zancogns dil grep enagiu, scrola
il botsch, vul metter en sia marenda, dat aunc ina
bransinada, metta en sia marenda, nua si la stizun,
selava buca la detta e va puspei en staup sut cozza.
«Mei en pegna!» rampluna ei ellas Preits, ed ellas van
a mustiond, a tgigiond, a bischlond, a tugnond sco'l
gerau.

Also spielt Giacumbert den Mungg. Wäscht sich wie ein
Mungg, kämmt sich wie ein Mungg und schläft mit –
geht euch nichts an. Und der Hund spielt Mungg wie
Giacumbert, und die Tiere weiden die steilen Hänge
hinauf und hinauf, ziehen und ziehen und fressen und
scheissen und blöken, ziehen hinauf und über die
Fuortga und kommen zum Trutg da Cavals, ziehen als
lange Schnur gegen den Steinmann und hinter ihm
durch und über den Fil Liung hinab auf der Suche nach
immer neuen, immer schöneren Weiden.

Lang und ausgiebig tränkt Giacumbert den Bock.
Schaut zu, wie die gelbe Schlange stossweise ihren Weg
den Fels hinunter sucht, schüttelt den Kerl, will ein-
packen, bimmelt noch ein bisschen, packt ein, knöpft
den Laden zu, wäscht die Finger nicht und verschwindet
wieder im Bau unter der Decke. «Geht zum Kuckuck!»
rumpelt es in den Wänden, und sie gehen: rupfend,
mahlend, scheissend, blökend, nörgelnd wie Gemeinde-
räte.

Il giat ei nuota vegnius pli dapi in pèr dis.
Sa nua giavel che quei coga setegn si.
Stgass puspei schar seveser inaga.

Die Katze ist seit ein paar Tagen weggeblieben.
Weiss der Teufel, wo das Biest steckt.
Dürfte sich wieder mal zeigen.

Smaledida seigi la vischnaunca cun purs e tiers e tut.
Treis uras ella plievgia e catschar tiers e tiers sur l'aua.
Dat sco da dar cun sadialas. In piogn po para buca en.
La vischnaunca ei paupra, ha buca raps per piogns, e
sche tes tiers negan, Giacumbert, sch'eis ti il camel.
Treis uras barbaria ella dracca, ina smalediczium totala,
grem e zachergiem, schulem e sgiavlem ed urlem ed
urlem.
Cun peis el tgil e sdavalem vegn tut sur l'aua. Aunc ha
Giacumbert da far sogn Cristoffel cun ses pigns,
sgiavlond suprastonza e geraus e presidi e tut giufuns
gl'uffiern tiel cornuti grond.

Tgei emporti ch'in tgaun dapli siper la glina uorli.

Verflucht sei die Gemeinde mit Bauern und Tieren und allem drum und dran. Drei Stunden lang hat er im Regen Schaf um Schaf über den Bach getrieben, und schütten tut es wie aus Kübeln. Ein Steg, das wäre offenbar zu viel verlangt. Die Gemeinde ist arm, die Gemeinde hat kein Geld für Stege, und wenn deine Tiere ersaufen, Giacumbert, dann bist du das Kamel. Drei Stunden Plackerei in diesem verdammten Regen, und nichts als Schreie und Flüche und Pfiffe und Gebrüll und Geblök und Gebell und Geheul.
Mit Treiben und Treten und Stossen und Strampeln kommt alles über den Bach. Zuletzt muss Giacumbert für seine Lämmer noch den Sankt Christoffel spielen und verwünscht abermals den ganzen Plunder samt Gemeinderat und Präsidenten zum grossen Gehörnten in die tiefste aller Höllen.

Wen kümmert's, ob ein Hund mehr den Mond anbellt?

La nebla vegn, la vegn siaden dalla Val. Giacumbert va sc'in giavel suls ums-crap. La nebla satiua el. Dai fier, Giacumbert! Ussa has ti la miarda, sas nua che ti eis? eis en trutg? nuot sas ti pli, uss camondan autras leschas che tiu tschurvi.

Va suent'il fried, Giacumbert! Gie, lai ir il tgaun ordavon. L'alvauna, la sguscha sper tiu nas ora, la spessira. Vesas gnanc tes calzers pli, has aunc en els? Vesas alv. La spessaglia. Tochen tratsch. L'alvauna, la sguscha sur crap e crest, vegn enasi dalla Val tut da met, pren en mintga fiep, pren en mintga fora, tut da met.

L'alvauna.

Der Nebel kommt, er kommt vom Tal herauf. Wie ein
Teufel hetzt Giacumbert an den Steinmännchen vorbei.
Der Nebel holt ihn ein, umfängt ihn. Schneller, Giacum-
bert! So, jetzt hast du den Dreck. Weisst du, wo du bist?
Bist du noch auf dem Pfad? Nichts mehr weisst du, jetzt
gelten andere Gesetze als die in deinem Hirn.
Geh dem Geruch nach, Giacumbert – ja, lass den Hund
vorangehen! Dicht, undurchdringlich weiss kriecht es
an deiner Nase vorbei. Siehst nicht mal deine Schuhe.
Hast sie noch an? Siehst weiss, dichtes Weiss. Nur
weiss, überall weiss, bodenloses Weiss. Über Höcker
und Hügel steigt es still und stumm und weiss aus dem
Tal herauf, nimmt jede Mulde in Besitz und jede Kluft,
still und stumm.

Ah tgei, tgei!
Schar far.
Schar far empau la caura. Sch'ella ha en fa'la tuttina.
Ina coga bialaura eis ei vegniu si, e las cauras ein
vegnidas d'entuorn nuot.
El spieghelescha vils Plattès, sch'ei fussen leu. Ina
stgella veva el quitau dad udir.
Nuot.

Il tgaun vegn vi siper sia schanuglia, freda, sestenda
ch'il pastur vesa nuot pli el rospieghel.

El va endadens.
Vegn era neuaden il tgaun suenter in'urialatscha,
sestenda ch'il pastur vesa mo pli il baditschun, fa sco
sch'el vess era in meini en caussa, mira tut agraden,
marcla cun la cua sil plantschiu e sebetta puspei per
liung, metta il baditschun sin ina toppa, aulza baul in
egl e baul l'auter sco sch'el filosofass o zatgei.
Sche Giacumbert datga buca dad ella, stat ella si, fure-
tga il nas musch sut siu bratsch en, aulza il bratsch, dat
la toppa el vit tochen che Giacumbert ha buca priu la
toppa e detg «tgau tgau», epi eis ella puspei cuntenza e
sebetta, la tgauna alva dalla Gaglinera.

Ah bah, was soll's!
Machen lassen.
Das Wetter und die Geissen muss man machen lassen.
Verflixt schönes Wetter heute, und von den Geissen
keine Spur.
Er spiegelt zu den Plattès hinüber, ob sie vielleicht dort
wären. Eine Schelle war doch eben zu hören?
Nichts.

Die Hündin drängt sich an sein Knie, schnuppert,
streckt sich vor dem Feldstecher, nimmt dem Hirten
die Sicht.

Er geht hinein.
Folgt ihm nach einem Weilchen die Hündin, streckt sich
und tut, als ob auch sie eine Meinung zur Sache hätte,
schaut ihm gerade ins Gesicht, beklopft mit dem
Schwanz den Boden, wirft sich der Länge nach hin, legt
das Kinn auf eine Pfote, hebt philosophisch bald das
eine, bald das andere Augenlid.
Wenn Giacumbert ihr zuwenig Beachtung schenkt,
steht sie auf, stupst die feuchte Nase unter seinen Arm
und gibt Pfötchen ins Leere, bis Giacumbert die Pfote
ergriffen und «tschau-tschau» gesagt hat. Dann wirft
sie sich wieder hin und ist zufrieden, die weisse Hündin
der Gaglinera.

Fetsch vess che quei giat lai buca seveser. Tgei tratga quel atgnamein. Silmeins per magliar e durmir vegneva el. Fageva uras veschla las seras sin meisa sin miu tschiep sper la cazzola da benzin che deva cauld. Jeu stuevel bunamein schar vegnir el sin meisa, giun plaun ei memia fiehti, ed enta letg s'auda in giat è buc. Quel vegn bein neunavon, quei giat.

Bin bedrückt, weil die Katze sich nicht blicken lässt.
Was fällt der eigentlich ein? Wenigstens zum Fressen
und Schlafen kam sie immer. Lag abends stundenlang
auf dem Tisch neben der wärmenden Benzinlampe,
zusammengerollt auf meinem Rock. Musste sie doch
auf den Tisch lassen, am Boden ist's zu feucht, und ins
Bett gehört eine Katze ja auch nicht. Wird doch wohl
wieder auftauchen, diese Katze.

Giacumbert seseva en siu fecleret nausch. Ils bufs dil
vent schulavan ordaviert e targevan endadens. Ils tiers
mavan dalla tessaglia enasi en cordas ziczac, in sbugl
malruasseivel cavistrau inengliauter.
Ord la stgiraglia da sia tauna mira el dil finistrel el
sulegl, vi ellas costas dil péz ch'ella veva giu maliau
inaga cun colurs dad aua. Veseva mo ina spatla dil péz,
bischa sisu, giusut greppa terreina. Il cantun dretg
sisum dalla finiastra: tschiel blau.

El schelava peis en ses calzers enferrai, steva a garnugl
davos meisa e mirava e mirava orda finiastra vi ellas
spatlas dil Péz Miezdi.

«Vul in tec vinars, tgaun?
Quei scaulda la beglia manecla.»

Ella, la tgauna da Giacumbert, susda, vegn sut meisa o,
stenda igl entir tgierp, tegn il nas tut agradsi, vegn
neu siper Giacumbert, aber lez ei gia vida nuar si ils
calzers. Il tgaun sfuola cul nas sut sia canviala e fa
ir sidengiu il tgau in pèr ga.

«Cala uss cun quei giavel!»

Ed il tgaun cala, sebetta puspei sut meisa en e tugna
zatgei ella barba, smacca duas treis ga ils egls e cave-
glia il tgau denter las toppas.

Giacumbert sitzt in seiner armseligen Hütte. Draussen pfeifen die Windstösse, und drinnen machen sie Durchzug. Die Tiere drängeln im Zickzack am steilen Hang nach oben, ein wirrer, verkeilter, unruhiger Haufen. Aus dem Dunkel seiner Höhle schaut er durchs Fenster in die Sonne und hinüber an die Flanken des Berges, den sie einmal mit Wasserfarben gemalt hat. Sieht nur eine Schulter des Berges, frisch verschneit, weiter unten aperen Fels. Die rechte obere Ecke des Fensters: Himmel, blau.

Er friert in seinen Nagelschuhen, hockt zusammengekauert hinterm Tisch, schaut und schaut aus dem Fenster in die Flanken des Péz Miezdi.

«Willst einen Schluck Schnaps, Hund?
Das wärmt die Eingeweide.»

Giacumberts Hündin gähnt, kriecht unterm Tisch hervor, streckt sich ausgiebig, hält kerzengrad die Schnauze hoch und kommt zu Giacumbert. Der aber schnürt schon seine Schuhe. Die Hündin drängt die Schnauze unter sein Handgelenk, reibt ein paarmal den Kopf.

«Hör auf!»

Und die Hündin hört auf, legt sich wieder unter den Tisch, brummt etwas, schliesst zweidreimal die Augen, legt den Kopf zwischen den Pfoten zurecht.

Tgei has grad studiau, Giacumbert?
    Vid neivs e turists e purgin'e garniala
    El forsa patratga cun tem'e sgarschur,
    Tenend enta maun la tremblonta capiala
    El ditg recamonda ses tiers al signur.

Tgei studegias, Giacumbert?
    Pertgei quella fatscha seriusa, solemna?
    Sco sch'el sur misteris traso patertgass?

Tgei sei Giacumbert? Giacumbert!
    Che maglia siu tgierp e stizzenta siu num.

    Che maglia siu spért e stizzenta siu num.

Was studierst du, Giacumbert?
    An Schnee, Touristen, Hagel und Donner
    Denkt er vielleicht voller Bangen und Qual
    Den Hut in der Hand, mit grossem Kummer
    Betend, die Tiere verschone der Strahl.

Was grübelst du, Giacumbert?
    Warum diese Miene, so ernst, so gemessen,
    warum auf Mysterien ständig versessen?

Was ist, Giacumbert? Giacumbert!
    Sein Körper zerfällt und sein Name erlischt.

    Sein Wille zerfällt und sein Name erlischt.

L'aua ei carschida pil tschundubel enteifer treis uras.
Ils trutgs ein vegni dutgs alvs. La muntanera ei denter
las auas. Sch'ei entschevess a never, tschessass l'aua.
Sch'ei mo entschevess a never! Aber lu van las ensi avon
che ti possies sur l'aua. E sche bia neiv setschenta,
tgei lu?

La plaunca teissa. Las auas alvas. La neiv metta. La
notg nera. La muntanera en moviment. Mia tema dad ir
sur l'aua alva. Mia tema da negar pils purs.

Das Wasser ist in drei Stunden aufs Fünffache angeschwollen. Die Pfade sind zu weissen Bächen geworden. Die Herde steht zwischen den Armen des Flusses. Wenn es zu schneien anfinge, würde das Wasser zurückgehen. Wenn es doch zu schneien anfinge! Aber dann ziehen sie in die Höhe, bevor du hinüber kannst. Und wenn viel Schnee fällt, was dann?

Der steile Hang. Die weissen Wasser. Der stumme Schnee. Die schwarze Nacht. Die unruhige Herde.
Meine Angst, durchs weisse Wasser zu gehen.
Meine Angst, für die Bauern zu ertrinken.

Jeu vevel dau num ad el Lumin.
Quei era in plaid lom sco siu fol. Tertgau hai jeu ch'el
tuorni, aber schon quendisch dis viu buca cua.
Sappi Dieus nua che quei giat ei pigliaus vi.

Ich hatte ihr den Namen Lumín gegeben. Ein Wort so weich wie ihr Fell. Dachte, sie würde zurückkommen, habe aber seit zwei Wochen keinen Schwanz gesehen. Weiss der Himmel, wo diese Katze sich verkrochen hat.

Il bien pastur resca buca la veta per sia muntanera. Lu stuessen ils purs ver pli bia interess pils tiers. Il pur ha buca pli interess. Siu fatg ei buca pli ses, siu tier ei vegnius jasters. El ei quel che ha vendiu sia olma.

Svanius ei il tachi, e svanius se'l clavau.

Il pur ei vegnius senza remischun el rodam d'ina maschina che sblucca siu esser. El ei smaledius da far adina dapli ed aunc dapli da quei ch'ei dat schon detgadiravunda. Sch'el calass mo in mument da barhar e mirass egl egl trest a siu tier ch'ei buca pli ses!

Quei fuss la revolta!

Aber il pur ughegia buca da mirar els egls a siu tier. Zuar serebalza el aunc mintgaton, fa pugn en sac e morda cun ses dents muots sil spiel-pipa. El senta ch'el ei vegnius danvonz. La rihezia anetga! Pertgiri Dieus!

Il senn dil pur ei ch'el ha buca senn. Aschia ha era il pastur buca senn. Il bien pastur resca buca la veta per sia muntanera.

Der gute Hirte riskiert nicht sein Leben für seine Herde.
Da müsste den Bauern schon mehr an ihren Tieren
liegen. Der Bauer macht sich nichts mehr aus seinen
Tieren. Haus und Hof sind nicht mehr sein, seine Tiere
sind ihm fremd geworden, seine Seele hat er verkauft.

Verschwunden ist die kleine, zähe Kuh,
verschwunden ist die wettergraue Scheune.

Der Bauer ist ins Räderwerk einer Maschine geraten,
die gnadenlos an seinem Wesen nagt. Er ist dazu
verdammt, mehr und immer noch mehr von dem zu
produzieren, wovon es schon übergenug hat. Würde er
doch nur einen Augenblick in seiner Schinderei inne-
halten und in die traurigen Augen seiner Tiere schauen,
die ihm nicht mehr gehören!

Das wäre die Revolte!

Aber der Bauer wagt den Blick in die Augen seiner Tiere
nicht. Ab und zu begehrt er zwar noch auf, macht die
Faust im Sack und beisst mit stumpfen Zähnen aufs
Pfeifenrohr. Er spürt, dass er überflüssig geworden ist.
Der plötzliche Reichtum! Gott behüte!

Der Sinn des Bauern ist die Sinnlosigkeit. Drum ist
auch der Hirte ohne Sinn. Der gute Hirte riskiert nicht
sein Leben für seine Herde.

Vaccas grischas, vaccas brinas,
Cun platialas e bransinas,
Vaccas grassas, vaccas grevas,
Vaccas melnas, vaccas levas,
Vaccas alvas, vaccas stretgas,
Cun talacs e stgellas setgas;
Ed il taur si sur la tegia
Scav'il tratsch culs corns e megia.
Pign e grond ei fiug e flomma,
Puscha! Puscha! tut che cloma,
Carmalescha, beneventa
Sias vaccas ed urenta
Lu ils ivers e las costas,
Sch'ellas seigien bein dispostas,
Sch'ellas fetschien era prova
Cheu en l'alp sill'jarva nova.

                    Giacun Hasper Muoth, Mesiras

Kühe grau und Kühe braun,
herrlich, prächtig anzuschaun,
Kühe klein und Kühe scheckig,
Kühe schmal und Kühe fleckig,
Kühe fett und Kühe schwer,
schön′re gibt es nimmermehr.
Und ob der Hütte, schau, der Stier
zerwühlt das Gras, das wilde Tier.
Glocken, Treicheln, Klepfen, Schellen,
süsse Melodie in Wellen.
Gross und klein ist Feuer, Flamme,
greift den Tieren an die Wamme.
Puscha! Puscha! locken sie,
ganz vernarrt ins liebe Vieh.
Man rühmt die Euter, preist die Beine,
jeder stolz nur auf die seine.
Ja, hier können sie gedeihen
mit dem vielen Gras, dem neuen.

Giacun Hasper Muoth, Der Milchmesstag

La corda liunga tila dil Muot Grond viado, viado encunter la Plaunca da Stiarls. Quei ei la liunga liunga corda da paternos, la processiun senza spalier, la crappa che semova, ils curals alvs e mintgaton in ner che van e van per maina star eri cul tgau a bass, s'enclinond magari, in alla gada, pli plaun epi pli dabot, van ad encurend adumbatten.

Tgi ch'enquera anfla buc.

Die lange Schnur zieht vom Muot Grond hinaus, hinaus gegen Plaunca da Stiarls. Das ist die lange, lange Schnur des Rosenkranzes, Prozession ohne Spalier, endloser Zug, weisse Perlen und hin und wieder eine schwarze. Gesenkten Kopfes ziehen sie und ziehen und stehen niemals still, ziehen und ziehen und suchen vergeblich.

Wer sucht, findet nicht.

Hai aviert igl esch cu i ha buca zacu calau da
mular, e neuaden se'l vegnius cul bi dies, la
cua tut agradsi sc'in cafanun.

Habe die Tür geöffnet, als das Miauen gar nicht mehr aufhören wollte, und hereinstolziert ist sie, den Schwanz wie eine Kirchenfahne in der Luft.

Giacumbert veva smalediu las troccas, e las troccas vevan smalediu el. Giavel e Mort rievan e mussavan la dentadira. La carn mureva ella detta dil maun dretg da Giacumbert. El veva sgurtiau ditg avunda, fatg termagls, e tut era iu ali giavel. Giacumbert veva provocau il giug, ughiau tut e spiars tut. El veva spiars la camischa.

Ussa steva el cheu sigl ault dil fil resch bluts, il vent dil nord el dies, il Punteglias.

El veva gnanc pial gaglina pli. El pigliava malcostas ad in pigliar. Tut empurtava pli nuot. Mo ch'el smuldeva aunc lev mintgaton sur la bargada da troccas enagiu, il giug ch'el hassiava dapi gliez di.

Siu hentger veva il num ch'entscheveva cun P – Punteglias.

Giacumbert hatte die Tarockkarten verwünscht, und die Tarockkarten hatten Giacumbert verwünscht. Tod und Teufel grinsten und zeigten ihm die Zähne. Das Fleisch erstarb zwischen den Fingern von Giacumberts rechter Hand. Allzu lange hatte er geschunden, getändelt, und alles war zum Teufel gegangen. Giacumbert hatte das Spiel provoziert, hatte alles gewagt und alles verloren. Er hatte sein Hemd verspielt.

Jetzt stand er da, zuoberst auf dem Grat, splitternackt, den Nordwind im Genick, den Punteglias.

Er hatte nicht einmal mehr Gänsehaut. Er würde sich hier den Tod holen – es war ihm einerlei. Nur hin und wieder verwünschte er noch leise das Tarockgesindel, das Spiel, das er hasste seit jenem Tag.

Der Name seines Henkers begann mit einem P – Punteglias.

Paner che ti eis in paner!
Nua ein tes tiers? Ti has buc idea.
Piars la survesta. Ti laias ir sco i van.
I van en cordas pli e pli cuortas.
Ti stattas en tiu gagliner e fantiseschas e filosofeschas fueras e miardas.

Has bélas?

Giacumbert, leva, metta si tgau!

Il nas da Diabola aulza il tgau da Giacumbert. Il nas dil tgaun alv vul consolar il trest Giacumbert. Diabola, sia megliera amitga.

Il sulegl brischa giuaden, maglia il tschurvi, maglia la tiara. Il satan sulegl brischa stagn igl atun, remarcabel con caulds igl atun.
Mo sche la glina vegness gleiti!
Narradads.
Speronza tegn l'aura buc.

Was du doch für ein Trottel bist!
Wo sind deine Tiere, Giacumbert? Du hast keine
Ahnung. Hast die Übersicht verloren. Lässt sie machen,
was sie wollen. In immer kürzeren Schnüren verlieren
sie sich, und du hockst in deinem Hühnerstall, hängst
trüben Hirngespinsten nach.

Bist du noch bei Trost?

Steh auf, Giacumbert, rück dir den Kopf zurecht!

Diabolas Nase hebt Giacumberts Kopf. Die Nase
der weissen Hündin will den traurigen Giacumbert
trösten. Diabola, seine beste Freundin.

Die Sonne brennt herunter, frisst das Hirn und frisst
die Erde. Satanisch brennt sie, diese Herbstsonne.
Wenn nur der Mond bald käme!
Narreteien.
Hoffentlich hält sich das Wetter nicht.

Tgei? La Gaglinera senza vent? Quei dat ei quasi mai.
Il tgaun ei adina spelaus ella Gaglinera, la capiala adina
enta maun.
Cu ti vas ella Gaglinera metta si capetscha alva ni
fruntagl, Giacumbert! Ti vas bein buc ella Gaglinera per
tener semper la capiala? Ti has auter da far che cuorer
traso suenter la capiala.
Tegn endamen che tiu tgaun alv ei adina spelaus ella
Gaglinera. Setila en che ti hagies cauld e va buca sc'in
stuorn, che ti siuies buc. E sche ti has la capiala nera
cun tei enstagl dalla capetscha alva, sche has ti pli bia
enta maun ella che sin tiu tgau dir, ed ei pudessen
tertgar che ti ditgies paternos, che ti seigies fetg pietus.
Igl aungheldilsegnerhapurtauilsalidamaria. Aber buca
tema, Giacumbert! Ella Gaglinera vesas ti buca glieud.
La Gaglinera ei vita dil carstgaun. Negin tratga che
ti ditgies paternos. Gnanc Dieus auda tei a grend pata-
heflas siper tes tiers.
Pertgei Dieus dat ei buc.

Was? Die Gaglinera ohne Wind? Das gibt es quasi nie. Auf der Gaglinera ist der Hund immer zerzaust, der Hut immer in der Hand.

Zieh dir die weisse Kappe oder das Stirnband über, Giacumbert, wenn du auf die Gaglinera gehst. Gehst doch nicht auf die Gaglinera, um immerzu deinen Hut festzuhalten? Hast Besseres zu tun, als dauernd hinter deinem Hut herzuspringen.

Denk dran, auf der Gaglinera ist dein weisser Hund immer zerzaust. Zieh dich warm an und geh langsam, damit du nicht ins Schwitzen kommst. Und wenn du den schwarzen Hut bei dir hast statt der weissen Kappe, dann trägst du ihn öfter in der Hand als auf deinem harten Schädel, und sie könnten am Ende denken, du würdest beten, seist fromm. Der Engeldesherrnbrachtemariadiebotschaft. Aber fürchte dich nicht, Giacumbert! Auf der Gaglinera triffst du keine Leute.

Die Gaglinera ist menschenleer. Keiner denkt, du würdest beten. Nicht mal Gott hört den Unsinn, den du deinen Tieren nachbrüllst.

Weil es Gott nicht gibt.

Sco quei stretg cheu sinsum ston las Thermopylas esser stadas. Cheu ha Leonidas pia teniu cun in chischlet umens l'entira armada digl inimitg entochen ch'il traditur ha tradiu el. Cheu ha Leonidas battiu tochen sil davos, tschinclaus digl inimitg.
Devas si, epi vivesses ti aunc, Leonidas!

Aber la gloria va avon che la veta. Cheu stat ei marclau el grep:

> Viandont, sche ti vegnas tochen el
> marcau, sche relata a miu pievel, che
> nus hagien dau cheu en quei liug la veta
> per nossa honur.
> Pia pil giat!
>
> Viandont, sche ti vegnas tochen cheu,
> sche patratga
> vid la fumeglia
> che sto star cheu in meins
> da bialaura e neivs e purginas e garnialas
> (e magari schelar giu il tgil),
> che sto durmir cheu
> senza femnas
> mo cun in tec vinars
> e fimar la brisaga
> per ver cauld,
> patratga era vid ils tiers
> cu ei ston tener la cua
> denter las combas enagiu
> ch'ei schelien silmeins buca lezza.

Wie dieser Engpass hier oben, so müssen die Thermopylen ausgesehen haben. Hier also hat Leonidas mit einer Handvoll Männer die ganze feindliche Armee aufgehalten, bis der Verräter ihn verraten hat. Hier hat Leonidas gekämpft bis zuletzt, vom Feind umzingelt.
Hättest du dich ergeben, so würdest du noch leben, Leonidas!

Aber Ruhm kommt vor Leben. Hier steht in den Fels gemeisselt:

> Wanderer, kommst du in die Stadt,
> so verkündige dorten meinem Volk,
> dass wir an diesem Ort unser Leben
> hingegeben haben für die Ehre.
> Also für die Katz!

> Wanderer, kommst du hierher,
> so denke
> an die Alpknechte,
> die hier einen Monat ausharren müssen
> bei schönem Wetter wie bei Schnee und Frost
> und Hagelschlag
> (und sich dabei den Hintern abfrieren),
> die hier schlafen müssen
> ohne Frauen,
> nur mit einem Schluck Schnaps,
> und Brissago rauchen,
> um ein bisschen warm zu haben.
> Denk auch an die Tiere,
> die sich den Schwanz

Viandont, sche ti pos tochen cheu,
sche patratga vid la suprastonza,
tgei ch'ei vegniu fatg per las alps,
e co ei tractan la fumeglia
en quei tschentaner.

zwischen die Hinterbeine klemmen müssen
vor lauter Kälte.

Wanderer, kommst du hierher,
so denk an den Gemeindevorstand,
an das, was man für die Alpen getan hat
und wie sie die Alpknechte behandeln
in diesem Jahrhundert.

Allein was wird der Wanderer denken, wenn jählings die Landschaft sich verfinstert, wenn der Donner die ganze Gegend erschüttert, wenn der Reif alle Fluren der Weide entstellt, wenn der Wind Steinplatten wie Schindeln bewegt und in die Luft erhebt, wenn ein unerwarteter Regen wie ein Wolkenbruch zerplatzet, wenn der Hagel aus dem Grase wieder aufspringt wie die Heuschrecken, wenn Seen und Bäche mitten im Sommer überfrieren und die ganze Gegend mit Schnee belegt wird, ja, was wird der Wanderer dabei denken?

Placidus a Spescha, Ersteigung des Scopi

Daco has mazzau la miur, Giacumbert?
Daco has mazzau la miur culs bials egls gross,
Giacumbert, daco?

Warum hast du die Maus getötet, Giacumbert?
Warum hast du die Maus mit den schönen dunklen
Augen getötet, Giacumbert, warum?

Ord la Scienzia Gaglia

La gaglina legra

Va a letg cun la gaglina, epi sas ti levar cun la gaglina.
Va buca a speculond ella notg sco'l giat. Stai a mischun
la notg. I tratgan che ti fetschies guardia. I tratgan
endretg. Aunc schabegia memia bia la notg. Ti fas bien
da far guardia. Siara péra igl esch. I ein malsegirs, fidan
nuot e creian mo pauc. Ti vegnas buca da perschuader
els. Lur perdertadad fa els tups.

Ti aber eis sabia.

*

Lein salidar la sontga gaglina, stada siat onns
a mischun e vegliau, morta tras l'uolp,

la maligna.

*

Tgei, las uolps fidan nuot? Las uolps fidan nuot allas
uolps? Dall'alva entochen la nera lavur'il tschurvi
senza paus. Il saung va tras las aveinas ed anfla buca
ruaus. Ei fidan buc a sesezzas. Quei ei l'Obligaziun.
L'Obligaziun da saung. Ton ei mazzau ch'ei vegnan buca
da beiber il saung, ton encugliau.

Per in mument ha l'amur puspei surpriu la mort. Quei

Aus der Wissenschaft von der Gescheckten Glucke

Das fröhliche Huhn

Geh mit den Hühnern zu Bett, dann kannst du mit den Hühnern aus den Federn kriechen. Streich nicht wie die Katze in der Dunkelheit herum. Bleib nächtens auf der Stange. Sie werden denken, du seist auf der Hut. Recht denken sie. Nachts passiert noch immer viel zu viel. Du tust gut daran, auf der Hut zu sein. Schliess nur die Tür. Unsicher sind sie, trauen keinem, glauben wenig. Wirst sie nicht überzeugen können. Ihre Schlauheit macht sie dumm.

> Du aber bist weise.

*

Lasset uns grüssen das heilige Huhn, das sieben Jahre lang gewacht hat auf seiner Stange und gestorben ist durch den Fuchs,

> den arglistigen.

*

Was, die Füchse trauen keinem? Die Füchse trauen den Füchsen nicht? Rastlos arbeitet das Hirn vom grauen Morgen bis in die schwarze Nacht. Das Blut pulst durch die Adern und findet keine Ruh. Sie aber trauen sich selber nicht über den Weg. Ihre Pflicht. Blutspflicht. Sie

ei la perpetna surpresa. Ils tschiels han lu la colur brin-cotschna. La carn flessegia duront quella pli cuorta perpetnadad.

                  Tristezia.

                    *

    La gaglina stat glisch perpetna.

haben getötet und getrunken, weit über den Durst. So
viel ist geronnen, gestockt.

Für einen Augenblick hat die Liebe wieder den Tod
überlistet. Das ist die immerwährende Überraschung.
Braunrot sind dann die Himmel, fliessend ist das
Fleisch in dieser kürzesten aller Ewigkeiten.

Tristezia.

*

Und ewig wachet das Huhn.

In nurser nuorsas vegn ord la Gaglinera. Ellas vegnan
e vegnan per maina calar, las stgellas ordavon, epi
nuorsas e nuorsas, epi la crappa da fiug che zuppegia.
Zanuas giappa in tgaun egl uost, e zanuas en ina
plaunca ei in nurser cul rospieghel els egls, mira satel,
spieghelescha giu la davosa ruosna nua che zatgei
savess aunc setener.
In pèr turists che dattan dalla Cresta enasi.
Dieus pertgiri la tiara dil turist!
Giacumbert mira cun gaudi co ils tiers lunsch giu sut el
empleinan il muletg, epi va ei dalla tessaglia enagiu sco
da ver viu il giavel. El spuenta las davosas sur l'aua vi,
fa lu sez il segl e sestrubegia cul trutg entuorn il bot
per svanir el ner dil fecler, el limbo.

Eine Herde Schafe kommt aus der Gaglinera. Sie kommen und kommen, endloser Strom, voran die Leittiere mit ihren Schellen, dann Schaf an Schaf, Rücken an Rücken in dichtem Zug, schliesslich lahmend, humpelnd die Schar der Kümmerer und Kraftlosen. Irgendwo kläfft ein Hund in den August hinein, irgendwo in einem Hang hat ein Hirt den Feldstecher im Gesicht und spiegelt jedes Loch und jede Runse ab, wo etwas hätte zurückbleiben können.
Ein paar Touristen kommen die Cresta herauf.
Bewahre, Herr, das Land vor den Touristen!
Freudig schaut Giacumbert zu, wie sich die Herde weit unten ins Läger ergiesst, und dann geht es über Stock und Stein in die Tiefe, als ob ihm der Teufel im Nacken sässe. Er treibt die letzten Tiere über den Bach, springt hinterher, folgt der Windung des Pfades um den Hügel und ist verschluckt vom Dunkel der Hütte, seinem Limbus.

Quater gaglinas setschentan
sil crap da glatscher.

Giacumbert volva il tgau.

Quater gaglinas sgolan
sul crap da glatscher.

Quei ei la Gaglinera.

Vier Hühner flattern nieder
auf den gletscherrunden Fels.

Giacumbert dreht den Kopf.

Vier Hühner fliegen auf
über dem gletscherrunden Fels.

Das ist die Gaglinera.

La plievgia dat giu per siu dies tut giut.
Il saung tgietschen vegn dallas ruosnas nas o, tschufrogna la schnurra alva, tartogna la sigir. Giacumbert
dat in schem, pren il cunti e taglia atras la gula tochen
en sigl ies. Il saung sgarguglia, igl egl rumpa, il tgierp
sezaccuda e fa vieti. Il tgau alv seleina el saung tgietschen.
La plievgia bogna siu tgierp.
El tila ella en dies, taglia si il venter, tucca la coraglia
caulda, sebetta dalla vart e rietscha siado beglia e buttatsch.
El sepren ensemen, traffica zatgei el funs dalla nuorsa,
sbutla viado la coraglia leischna, sepren ensemen,
slavazza o dus caluns, bingla giu in toc dil dies aschi
bein sco el sa, lai lischnar el sacados bletsch la carn
caulda. Dat la plievgia aunc adina giu dil tschiel. El tila
crappa sin quei che stat leu pils viarms. La lieunga dil
tgau alv penda suls dents o.
El va tut giut cun sigir cotschna giu e giu dalla tessaglia.
Vesel aunc ditg il pastur tut giut, co el ei ius pli bia en
costas, setenend cul maun viers mun, che sin peis.
Savess aunc dir, aunc oz, nua che quei ch'el ha stuiu
schar anavos ha tuffau dis en e dis o.

Der Regen prasselt auf seinen Rücken.
Das Blut quillt aus den Nüstern, verschmiert das weisse Maul, besudelt die Axt. Giacumbert seufzt, nimmt das Messer und schneidet die Kehle bis auf den Knochen durch. Das Blut sprudelt, das Auge bricht, der Körper zuckt und zittert, schüttelt sich in wütenden Krämpfen.
Der weisse Kopf besudelt vom roten Blut.
Der Regen nässt seinen Körper durch und durch.
Er dreht das Tier auf den Rücken, schneidet den Bauch auf, greift ins warme Gekröse, wirft sich zur Seite und kotzt sich die Seele aus dem Leib.
Er nimmt sich zusammen, hantiert irgendwo tief drinnen im Körper des Schafes, zerrt glitschige Därme heraus, den Pansen, nimmt sich zusammen, säbelt und zerrt die beiden Keulen heraus und ein Rückenstück, so gut er eben kann, lässt das warme Fleisch in den nassen Rucksack gleiten. Es giesst noch immer. Er häuft Steine auf das, was dableibt für die Würmer. Schlaff hängt die Zunge aus dem weissen Kopf.
Ganz durchnässt rutscht er den jähen Hang hinunter, immerzu hinunter mit seiner roten Axt.
Sehe noch vor mir das Bild des triefenden Hirten, wie er sich auf allen Vieren hinuntermüht.
Könnte bis heute die Stelle zeigen, wo noch wochenlang gestunken hat, was zurückgeblieben war.

Cons tiers futschs has ti schon giu questa stad? Sch'ei va vinavon aschia scargas ti nuot. Nua van tes tiers a maner? Sut las crappas dallas gondas mognan tscheu e leu biars per adina, starschai, buca pli a migliac mognan els el schurmetg dil muletg. Sut las crappas dallas gondas, sur ils vaus dallas auas sut tiara, malgenglis, cun egls ruts, las combas encunter il tschiel.

Giacumbert stat en schanuglias, fa giu il saung dil cunti vid la launa freida, catscha las ureglias en sac, caveglia il tier ella gonda.

Las larmas fan bletsch la crappa cotschna.

Wieviele Tiere sind dir schon erfallen diesen Sommer? Wenn das so weitergeht, bleibt dir bis zur Abfahrt nichts. Wo ruhen deine Tiere, Giacumbert? So manche ruhen unter den Steinen der Geröllhalden, ruhen für immer. Versprengt und verloren ruhen sie, nicht mehr im Trupp und in der Herde, nicht mehr im Schutz des Lägers. Unter den Steinen steiler Halden, gedunsen und steif, mit gebrochenen Augen, die Beine zum Himmel gestreckt ruhen sie.

Giacumbert kniet am Boden, wischt das blutige Messer an der kalten Wolle ab, steckt die Ohren ein, rückt das Tier im Geröll zurecht.

Tränen netzen rote Steine.

Quellas che Giacumbert giavischass siado en siu fecler, rabetscha el buca si, e da quellas che Giacumbert sehona ina caca ein siado traso.
Giacumbert fui. El stoppi aunc ir dabot suenter tschancs. Tgei has ton cun tes tschancs, Giacumbert? Giacumbert va, va, va. Baul vesas ti mo sia capiala, baul sia camischa a sgulatschond sur las caultschas o el vent, baul vesas ti Giacumbert nuot. Giacumbert va sur bots e fops, zappetscha siu muot per nuot, va sc'in tier che ha tema, va, va, va, tochen ch'el vegn a star eri si Crappa Grossa sut il glatscher. El fui el refugi da notg da ses tiers.

Tochen ussa ha il rospieghel dau tut empaglia sc'ina stgella, tèc a tèc sin siu pèz. Ussa vegn spieghelau solemn suenter turists e da tutta schenta, suenter muntanialas e blaus, suenter crappa e quei che vegn grad el glas e suenter las gaglinas che han dau il num all'immensa Gaglinera.

«La Ghijanera?
Mosch, sch'ti eis en leu has ti bi. Co has culla maglia, bien, ha?»
«Metschel schon, macruns e frina ed ovs detgadiravunda.»
Buc idea, quels lappuns.
Mosch, sch'ti eis en leu has ti bi, hahaha!

Quellas che Giacumbert giavischass rabetscha el buca siado.

Jene, die Giacumbert sich heraufwünscht in seine
Hütte, sind nicht heraufzukriegen, und von denen, die
ihm gestohlen bleiben könnten, sind dauernd welche da.
Giacumbert ergreift die Flucht. Er müsse noch nach
ein paar Schafen schauen. Was hast du bloss immer mit
deinen Schafen, Giacumbert? Giacumbert geht, geht,
geht. Mal siehst du nur seinen Hut, mal sein Hemd, das
über der Hose flattert im Wind, mal siehst du gar nichts
von Giacumbert. Giacumbert geht über Höcker und
Furchen, geht wie ein verängstigtes Tier, geht, geht,
geht, bis er auf Crappa Grossa unterm Gletscher innehält. Er ist ins Refugium seiner Tiere geflüchtet.

Wie verrückt hat der Feldstecher im Laufen gegen seine
Brust geschlagen, wie eine Schafschelle, tactactac.
Aber jetzt wird tüchtig nach Touristen und allerlei
Gesindel gespiegelt, nach Murmeltieren und ihren Kätzchen, nach Steinen und nach allem, was ihm gerade
ins Glas gerät, nach den Hühnern, die der unermesslichen Gaglinera den Namen gegeben haben.

«Die Ghijanera?
Jasodenn, wenn du dort hinten bist, hast du's schön.
Wie hast du's mit dem Essen, gut, hä?»
«Ich komme durch, Makkaroni, Mehl und Eier
mehralsgenug.»
Keine Ahnung haben diese Trottel.
Jasodenn, wenn du dort hinten bist, hast du's schön,
hahaha!

Jene, die Giacumbert sich wünscht, kriegt er nicht
herauf.

Per ch'il Signur protegi las muntaneras, vegn il prer
pagaus da vegl enneu* dad ir ellas alps cun sia bene-
dicziun.
Ellas alps da vaccas survegn el da vegl enneu tons e tons
kilos pischada, ed aschia va el ch'el piarda ils calzers
gl'emprem ellas alps da vaccas per che la pischada vegni
buca rontscha. Dallas alps da schetgs e tiers manedels
survegn el daner blut. Ed er il prer ha bugen il daner,
e perquei cuora el pruamein dad alp tier alp, fagend sia
obligaziun, vendend sia benedicziun per ch'il Signur
protegi pasturs e muntaneras, per ch'ei stetti saun
glieud e tiers.

Giacumbert veva aunc mai viu il prer en sia alp, dano
ch'el veva entupau il starler in di, e lez veva detg ch'el
hagi da drizzar o ch'il prer seigi lu per cass staus ed
hagi fatg las ceremonias e laschi salidar ed il polizist
seigi era staus e priu si las personalias e tic e tac e
laschi era salidar.
Aber Giacumbert ha tugnau che quei vali buc.
Il prer hagi da vegnir ell'alp endretg, sch'el vegli bene-
dir la muntanera, e buca star odem la val, aschi lunsch
sco el po en cun vehichel, cun ina buccada cudisch
d'oraziuns e dar tut las benedicziuns en globo. Ed il
poliziot, quei idiot, sappi suflar ad el el tgil.

---

* *Mintgion avon calonda marza cun comoditat deigi dils signrs farrers de
Somvitg a Sorein ensemen cun globercheit de visch^{ca} vegni concludiu et
ordinau tgei far bien per laurra, et allura publicau alla vish^{ca} per temps
sinaquei chei sapi erra per temps vegni mess en efect.*

Pugns della roda, 1805

Damit der Herrgott die Herden behüte, wird der Pfarrer
von alters her* dafür bezahlt, dass er auf die Alpen geht
und seinen Segen spendet.
Auf den Kuhalpen bekommt er dafür von alters her soundsoviele Kilo Butter, und so eilt er denn halsüberkopf
zuerst auf die Kuhalpen, damit die Butter nicht ranzig
wird. Für die Galt- und Kleinviehalpen wird er mit
barem Geld entschädigt. Auch der Pfarrer liebt das
Geld, drum eilt er unverdrossen von Alp zu Alp, tut seine
Pflicht und verkauft seinen Segen, damit der Herrgott
Hirten und Herden behüte und Mensch und Vieh gesund
bleiben.

Giacumbert hatte den Pfarrer noch nie auf seiner Alp
gesehen. Bloss den Galtviehhirten traf er eines Tages,
und der hatte ihm auszurichten, der Pfarrer sei dagewesen und habe seine Zeremonien gemacht und lasse
grüssen, und der Polizist sei auch dagewesen und habe
seine Personalien aufgenommen und patati und patata,
und lasse auch grüssen.
Giacumbert aber murrte, das gelte nicht. Der Pfarrer
habe korrekt und wie es sich gehöre auf die Alp zu
kommen, wenn er die Herde segnen wolle, und nicht
draussen im Tal vom Parkplatz aus mit irgendeinem
Gebetbuch seine Segenssprüche in globo zu spenden.
Und der Poliziot, der Idiot, der könne ihm blasen.

---

* *Alljahr vor dem ersten Märzentag bey Komodität sollen die HH Pfarrer
von Somvigs und Sorein mit der Gmeindsobrigkeit rätig werden, was für
guot Wetter vorzukeeren sey, und selbes zu rächter Zyt publiziret werden,
damit es auch zu rächter Zyt effektuiret werde.*

Alpsatzung Sumvitg, 1805

Giacumbert ha fatg cuortas e detg, sch'il prer seigi
memia cumadeivels da vegnir en sia alp e far las func-
ziuns in tec endretg, sch'ei hagien mo ton interess,
sche benedeschi el o sez sia alp. E giavischond prer
e polizist alli huz, eis el ius suenter ses tschancs.

Insumma prers e polizists e paders e poets e parlers e
tut quei ch'entscheveva cun p veva el sil muc. Perfin ses
tschancs ch'eran nudai cun p pudeva el buca ferdar,
pervia dils prers che havevan enganau el, pervia dil
poliziot fuffergnauner ed aunc tup suren, pervia dils
poets cun lur buccas largias, pervia dil pievel cun
sias ureglias liungas, pervia dils parlers cun lur badi-
tschuns tut agrado e pervia dils politichers da tgau
blut e forsa, forsa aunc pervia da siu inimitg grond, il
Punteglias, quei vent ch'ei numnan era il Mazzacauras,
quei nausch vent che vegneva adina cun la neiv metta
sur sia muntanera en, perquei ch'il prer prendeva buca
la peda da benedir endretg sia alp.

Aber interessant, la muntanera panzava buca pervia
dalla benedicziun dil prer. Ellas mavan e mavan adina
en lur trutgs, magliavan e mavan e tgigiavan e magliavan
e bischlavan e tugnavan. Benedicziun vi ni neu fagevan
ellas lur processiuns sco pli baul, laschond far miarda
prer e polizist, buca sempitschond dil Punteglias.

E cu la neiv, la metta, setschentava sin lur dies, sefida-
van ellas da Giacumbert enstagl dil prer, e Giacumbert
fageva quei ch'el saveva, senza esser provedius cun
las benedicziuns dalla Sontga Baselgia.

Wenn der Pfarrer zu bequem sei, auf die Alp zu kommen und seine Sache anständig zu erledigen, wenn das Interesse für die Alp so klein sei bei denen da draussen, dann segne Giacumbert seine Alp selber. Sprach's, wünschte Pfaff und Polizei zum Teufel und ging seinen Schafen nach.

Überhaupt, Pfaffen und Polizisten und Patres und Poeten und den Pöbel hatte er auf der Latte – alles, was mit einem P begann. Sogar jene unter seinen Schafen, die mit einem P gezeichnet waren, konnte er nicht leiden. Der Pfaffen wegen, die ihn geprellt und hintergangen hatten. Wegen dem Poliziot, der ein Schnüffler war und ein Dummkopf obendrein. Wegen den grossmäuligen Poeten, wegen dem sensationsgierigen Pöbel und wegen den kahlköpfigen Politikern. Und vielleicht, vielleicht noch wegen seinem grossen Feind, dem Punteglias, diesem Wind, der auch Ziegentöter heisst, wegen diesem bösen Wind, der immer wieder über seine Herde kam mit seinem stummen, dumpfen Schnee, weil der Pfarrer sich nicht die Mühe nahm, seine Alp anständig zu segnen.

Interessant immerhin, dass sich die Herde wegen dem Alpsegen keine Sorgen machte. Die Tiere zogen und zogen immerfort auf ihren Pfaden, weideten und zogen und liessen Mist hinter sich und weideten und blökten und murrten. Segen hin oder her, wie schon immer zogen sie dahin in ihrer Prozession, scherten sich einen Dreck um Pfaffen und Polizisten und kümmerten sich nicht um den Punteglias.

Und wenn der Schnee sich stumm auf ihre Rücken legte, dann setzten sie ihr Vertrauen in Giacumbert statt in den Pfaffen, und Giacumbert tat, was er konnte, ohne die Segnungen der Heiligen Kirche.

Tgei sei atgnamein cun Vus, essas malsauns? La ramur
dallas auas vess da calar? E mes tiers? Nua duei ir cun
mes tiers? Ed ils trutgs che mes tiers han isau, ei quei
buca ils trutgs da mes tiers? Mes tiers, han gnanc lezs
plaz pli cheu en quella tiara schi scarsa. E mia crappa,
e mias gondas?

Gnanc la crappa leis Vus schar a mi.
Vus leis prender las gondas da mei, quei pauc che jeu
hai leis Vus prender. E miu fecler pign leis Vus prender.
Nua duei ir a maner, nua?

Parlers essas. Fagei Vos lags en Vos marcaus e buca
zanuas auter dano en Vos marcaus che ein cloacas.
Smaledi seigies davos il Pass Crap, davos Crap la
Crusch enagiu, smaledi seigies davos Diesrut e Fuorcla
Cotschna, smaledi seigies dalla Cresta giuaden.

Schei cumbien mes tiers che van en corda trals trutgs
e che han fatg a Vus nuot. Schei en ruaus la tiara, la
ramur dalla Val.

Mei danunder che Vus essas vegni!

Was ist mit euch? Seid ihr nicht bei Trost? Die Bäche sollen verstummen? Und was ist mit meinen Tieren? Wo soll ich hin mit meinen Tieren? Und die Pfade, die meine Tiere ausgetreten haben, sind das nicht ihre Pfade? Ist selbst in dieser kargen Gegend kein Platz mehr für meine Tiere? Und meine Steine, meine Geröllhalden?

Nicht einmal die Steine wollt ihr mir lassen. Sogar die Geröllhalden wollt ihr mir nehmen. Das wenige, das ich habe, wollt ihr nehmen. Und meine kleine Hütte wollt ihr nehmen. Wo soll ich die Nacht verbringen, wo soll ich ruhen, wo?

Gauner seid ihr, Lumpenpack. Baut eure Seen in euren Städten, die Kloaken sind. Verflucht sollt ihr sein bis hinter Pass Crap, hinter Crap la Crusch hinab, verflucht sollt ihr sein bis hinter Diesrut und Fuorcla Cotschna und die Cresta hinunter.

Stört meine Tiere nicht, die ihre Pfade ziehen und euch nichts zuleide getan haben. Lasst der Erde ihren Frieden und dem Tal sein Rauschen und Raunen.

Verschwindet, woher ihr gekommen seid!

Die Wüste wächst:
weh Dem, der Wüsten birgt!

Tgei sei atgnamein cun Vus, signur president?

Vus che veis gleiti siatonta vendeis vinavon la tiara?
Vus veis speculau, surbaghegiau, tartignau Vossa val,
ed uss vuleis sulerar Vossa cunscienzia cun Vies parc
ellas vals dils auters? Vus veis ina gronda cua, aber
patertgei, Vus essas buca persuls. Cheu ein aunc auters
sin quest mund che vulan viver els cuolms e buca en
in reservat.
Fagei bu da Medel.
Veis Vus, signur president, in um vegl, mai ruaus? Nuot
sehanein nus che Vus turscheies ensemen cun quels
dils marcaus nies avegnir. Sch'ei han destruiu lur ambient da viver, sche han ei dabien uss il nies? Nossas
pastiras dueian daventar desiarts? Nos uauls duein
crescher en? – Orda nus leis far Mohicaners.
Gnanc las steilas leis vus schar a mei. E mes tiers, nua
duei ir cun mes tiers?

Huders da verduras. Fagei vos parcs en vos marcaus.
Laschei cumbien mes tiers che han fatg a vus nuot e
che dorman sut il tschiel stelliu. Nuot sehanein nus che
vus prepareies nies avegnir. Mei en pegna cun vos cussegls. Respectei nus che essan buca cheu en vacanzas.

Die Wüste wächst:
weh, wer zur Wüste ward!

Die Wüste wächst:
weh dem, der Wüsten birgt!

Was ist eigentlich mit Euch, Herr Präsident?

Ihr seid bald siebzig Jahre alt und wollt weiterhin das
Land verkaufen? Ihr habt spekuliert, überbaut, Euer
Tal verwüstet, und jetzt wollt Ihr Euer Gewissen übertünchen mit einem Park in den Tälern der andern?
Ihr habt zwar eine illustre Suite. Aber bedenkt, da sind
noch andere auf dieser Welt. Die wollen in den Bergen
leben und nicht in einem Reservat.
Könnt Ihr, Herr Präsident, ein alter Mann, denn niemals
Ruhe geben? Nichts liegt uns an der Zukunft, die Ihr
uns im Bunde mit den Städtern zusammenbrauen wollt.
Sie haben ihre Lebensräume zerstört – gibt ihnen das
ein Recht auf die unsern? Unsere Weiden sollen
Wüsteneien werden? Unsere Wälder einwachsen? Und
wir sollen ihre Mohikaner sein?
Nicht einmal die Sterne wollt Ihr mir lassen. Und meine
Tiere, wohin soll ich mit meinen Tieren gehen?

Haderlumpen, Rohkostraspler. Macht eure Parks in
euren Städten. Nichts liegt uns an der Zukunft, die ihr
uns bereiten wollt. Lasst meine Tiere in Frieden, die
euch nichts getan haben, die unter dem bestirnten
Himmel ruhen. Geht zum Kuckuck mit euren Ratschlägen. Respektiert uns, die wir hier nicht in den Ferien
sind.

Wüste ist Hunger,
der nach Leichen scharrt.
....
Vielfrässiger Hunger
malmt hier Zahn an Zahn
Der Wüste Drachenzähne –
Sand ist Gebiss,
ist Drachen-Zähnesaat
Das malmt und malmt
– das malmt sich nimmer matt –
Sand ist die Mutter
die ihr Kind gekaut
Mit fliegendem Dolche
in deren Haut –

Die Wüste wächst:
weh, wer zur Wüste ward!
Wüste ist Hunger,
der nach Leichen scharrt.
....

Vielfrässiger Hunger
malmt hier Zahn an Zahn
Der Wüste Drachenzähne –
Sand ist Gebiss,
ist Drachen-Zähnesaat
Das malmt und malmt
– das malmt sich nimmer matt –
Sand ist die Mutter
die ihr Kind gekaut
Mit fliegendem Dolche
in deren Haut –

E ti misterletg, has guess aunc ti da misterlar cheu
denteren, vai cheu gie per finanzas e bilanzas, profilems
e profitems e tut quei che plai a ti per saver administer-
lar. Has buc aunc avunda, ti um da honurs ed uffecis e
monuments, ti tgau pli dir che Clau Maissen?

Aber pardon, cheu dat ei ina differenza: Clau Maissen
veva spért.

Eis ei malfatg? Clamar in um ord fossa ...
Sunei de bass la veglia mistralia.

Mo da bass bass.

Und du, Landammännchen, wirst da gewiss auch ein
bisschen mitregieren wollen, wo's doch um Kassen und
Konten geht, um Kredite und Rendite. Bist noch nicht
satt, du Mann der Finanzen und Bilanzen, der Ämter
und Würden? Hast noch nicht genug konzentriert und
kumuliert in deiner Hand, in deinem Schädel härter
als jener des Clau Maissen?

Pardon, da ist ein Unterschied:
Clau Maissen hatte Geist.

Ist es wohl recht, durch meine ernsten Lieder
Den Mann zu wecken, der im Dome ruht ...

Spielt gemessen, spielt leise
die uralte Weise,
den Landsgemeindemarsch.

Aber nur ganz leise.

Jeu vesel a sependend vid sia atgna stola il prer
ch'jeu hai smalediu.

(orgla: tutti)

Igl alv da ses egls cula ad el giu per la barba da Giudas
sco sem retenius dis ed onns. Ina crusta da crisam stau
sespelletscha giudapeis. Jeu vesel ils calzers gronds da
prer, dils quals ils pézs miran encunter tiara diesch
centimeters sura plaun, balluccond lev lev, spidel sin
els miu odi verd, spidel giu cun devoziun il cadaver dil
fauls buttitscher.
Na, Giudas ei buca staus sco ti.
Giudas era in zuriader, ti aber eis staus in che ha buca
giu in agen meini.

Jeu erel certs ed haiel prest capiu:
Ded ils bugliacs la roscha fuva quei,
che plaian ni al giavel ni a Diu.
Quels paupers tocs che vivs ein morts restai.

Smalediu prer pendiu!
Tenor l'urbida da sogn Plasch, uestg e marter,
smarscheschi tia gula enguorda vid il sughet.

(musica!)

Ich sehe, wie er sich eben erhängt an seiner eigenen
Stola, der Pfaffe, den ich verflucht habe.

(Orgel: tutti)

Das Weiss seiner Augen rinnt in den Judasbart wie
Sperma, angestaut seit Jahr und Tag. Zu seinen Füssen
versickert eine Lache abgestandenen Chrisams. Ich
sehe die grossen Pfaffenschuhe, deren Spitzen eine
Handbreit überm Boden leise wiegend nach unten zeigen. Ich spucke meinen ganzen grünen Hass auf ihn,
bespucke voller Inbrunst den fetten Kadaver.
Nein, Judas war nicht so wie du.
Judas hat gekämpft, du aber warst einer, der keine eigene Meinung hatte.

Jetzt sah ich plötzlich ein und wurde sicher,
dass ich den ganzen Auswurf vor mir hatte,
den Gott nicht will, und seine Feinde nicht:
Unselige, die nie lebendig waren.

Da hängst du nun, verfluchter Pfaffe!
Durch die Fürbitte des hl. Blasius, Bischofs und Märtyrers, möge deine gierige Gurgel am Strick verfaulen.

(Musik!)

Albertina era igl idol da Giacumbert Nau. Il fried dad
ella era il fried stgir mellen dalla safrauna, sia comba
era liunga liunga cu ella sesturtegliava entuorn siu
tgierp, sia lieunga era sco la ramur dalla Val cu ella
mava en sia ureglia (piztgava il metal da sia rintga sin
sia lieunga) ed en tut tut siu tgierp, sia pial alva veva il
gust peter dil sal dalla tiara, siu rar veva la colur dalla
ruina che bugnava siu tgierp cu ella steva sparsa sil
batlini tschuf tut en in strom mellen che taccava e
murdeva la pial. Aber Albertina senteva buc il strom,
ella senteva mo quei ch'ella leva, surtut il fried, il fried
dils corps lumetschs che pireschan suenter turniers e
turniers

>> ella paliu dil suau,
>> el flum dil vent.

Il vent tgulava entuorn las preits. Ei fageva damaun
ch'ils tiers sedestadavan in suenter l'auter e sepinavan
per ir ir ir,

>> els snarrevan,
>> il triembel,
>> la teila falien,

epi tschessar, tschessar, tschessar.

Siu resti preferiu era resti alv.

Albertina war Giacumbert Naus Idol. Ihr Duft war der dunkelgelbe Duft des Safrans, und lang, lang war ihr Bein, wenn sie sich um seinen Körper schlang. Ihre Zunge war wie das Rauschen des Tales, wenn sie in sein Ohr kam und die geheimsten Stellen seines Körpers fand. (Prickelnd das Metall des Ohrrings auf der Zunge.) Ihre weisse Haut schmeckte bitter wie das Salz der Erde. Ihre Säfte hatten die Farbe von Rost, wenn sie seinen Körper benetzten und sie weit offen dalag auf dem schmutzigen Leintuch und gelbes Stroh auf ihrer Haut klebte und juckte. Aber Albertina spürte das Stroh nicht, sie spürte nur, was sie wollte, und zog tief in sich hinein den Geruch der schweissnassen Körper, ermattet und weich nach so manchem Turnier

> im Sumpf der Liebe,
> im reissenden Strom.

Der Wind jaulte um die Hütte. Der Morgen brach an, eins nach dem andern erwachten die Tiere und stellten sich auf zum endlosen Zug. Ziehen, ziehen, gehen, gehen,

> zitternd
> wie die Espe,
> das Spinnweb,

und dann verstummen, versiegen, vergehen.

Albertinas liebste Kleider waren weiss.

Igl um alv – ni sei ina femna – traffica zatgei ella crappa da tuf, zambregia massas. Baul vesas ti mo la stgeina, epi mo la butschida, epi la cuppa-tgau ed ossa alva. Tarlischa la faultsch ella brentina. Viarms tras las ruosnas dil tuf. Viarms gross sco detta grassa da mulscheders. Daghira il grass. Lavuran lavuran, han buca ruaus.

Der weisse Mann – oder ist es eine Frau? – treibt irgend
etwas drüben im Tuffgestein, hantiert eifrig. Mal
siehst du nur das Wadenbein, dann nur das Becken,
dann das Stirnbein. Weisse Knochen.
Schimmernd im Nebel die Sense. Würmer in den
Tufflöchern, Würmer dick wie die fetten Finger eines
Melkers. Triefend das Fett. Hantieren, hantieren, und
finden keine Ruh.

Giacumbert veva smalediu la tiara, e la tiara veva smalediu el. Aber el sez era gie tiara. Sia olma era piarsa per uffiern e parvis. Il quen mava buca si.

Las bellezias digl uffiern eran buca fatgas per Giacumbert, ed el ei crapaus sc'in tier cu el ha sentiu quei. Zuar mava siu tgierp aunc per las pitgognas, aber siu egl era schelbs, senza aua, senza nuot. Sia natira era la tipica digl um, la natira che fa empaglia sesezza senza gnanc vuler seriscuder. Igl um ha preferiu da crapar en trutg sc'in tier, e quei per che ses vegnentsuenter tschontschien dad el.

Siu tgierp va aunc ella Muntanera, sia comba, siu calzer palpa il trutg stretg el Malpass, il granit sgrezia sut il miers dils scharfs triconis, ils dents sgrezian dir sin dir (Giacumbert ei mai staus dirs), il bintgun ha buca sustegn el grep. Il calzer sefetga anavon, adina anavon. Igl egl ei schelbs.

La schemia rieva il tgil plein.

Giacumbert hatte die Erde verflucht, und die Erde hatte ihn verflucht. Aber er selbst war ja Erde. Seine Seele war verloren für Hölle und Himmel. Die Rechnung ging nicht auf.
Die Pracht der Hölle war nicht für Giacumbert geschaffen, und nachdem er das gemerkt hatte, ist er wie ein Tier krepiert. Zwar trieb sich sein Körper noch eine Zeitlang an den steilen Halden herum, aber sein Blick war leer. Seine Natur war die des Mannes, die Natur, die sich selber zerstört, ohne jeden Willen zum Widerstand. Der Mann hat es vorgezogen, mitten im Pfad zu krepieren wie ein Tier, bloss damit seine Nachkommen von ihm sprechen würden.
Noch durcheilt sein Körper die Muntanera. Noch ertastet sein Schuh den schmalen Pfad des Malpass. Granit knirscht unter dem scharfen Biss der Tricouni, hart knirscht Zahn auf Zahn (Giacumbert war nie hart). Der Stock findet keinen Halt im Fels. Der Schuh stemmt sich in seinen Stand, stemmt sich vorwärts, immerzu vorwärts. Der Blick ist leer.

Der Affe lachte sich den Buckel voll.

La schemia era sparsa el gatter, pigliava toc per toc cun ried remarcabel, fageva igl asen cun Giacumbert, mirava da schelm en ses egls, seteneva mo cun in bratsch, baul cul tgau ensi, baul cul tgau engiu, saltava e turniglava, sepigliava vinavon cun quater bratscha, pendeva el vit, sepigliava vinavon, deva suns tarladi, gits: Jiiii iiiiiiiiiii jiiiii.

La schemia dil fuortg!

Weit gespreizt hängt der Affe an den Gitterstäben, erhascht Stück um Stück mit bemerkenswerter Fertigkeit, foppt Giacumbert, schaut ihm schelmisch in die Augen, hängt bald kopfüber, bald kopfunter da, an diesem Arm, an jenem Bein, tanzt und wirbelt durch die Luft, fängt sich mit allen Vieren auf, hängt im Leeren, schwingt sich weiter und stösst spitze, schrille Schreie aus: Jiiii iiiiiiiiiiiii jiiiii.

Das Galgenvieh!

Giacumbert! Giacumbert! Leva! Stgalins, Giacumbert!
Vegn Sontgaclau?

Sontgaclau vegn bimbimbim, aber buc igl uost pella-
murdiu. Tias cauras han stagn, Giacumbert. Mintga
quatertempras vesas ti ellas, e lu maunglas mulscher
dabot per ch'ei sappien puspei tgurar, ir, pertgei la
Veglia ha prescha, ha prescha la Veglia.
Sco'ls carstgauns leugiu ella Val han prescha, han
prescha, han massas da far, lavuran, lavuran ch'ei
crapan. Munglassen ver il fein sin ladretsch avon
ch'entscheiver a segar. In catschem dil giavel. Han
prescha, han prescha, lavuran giu dalla veta, perquei
ch'ei san buca tgei pigliar a mauns cun quella.

> Ora et labora
> Dieus tei gida lora.

In catschem dil huz gl'entir onn. La lavur, lur smaledic-
ziun.

> Perquei che ti has
> schigiau da quei meil
> che tia Eva duess
> ver dau a ti,
> ti smalediu portapuglinas,
> dueis ti e tia dunna
> vegnir malsauns,
> malsauns dalla lavur.

Quella glieud ei malsauna tochen entafuns l'olma, han
buca peda, fan buca peda. Mo ina suletta fa prender

Giacumbert! Giacumbert! Aufstehen! Giacumbert, es bimmelt! Kommt Sankt Nikolaus?

Sankt Nikolaus kommt bimbimbim, aber doch um Gotteswillen nicht im August. Deine Geissen haben pralle Euter, Giacumbert. Alle Quatembertage einmal siehst du sie, und dann solltest du sie auf der Stelle melken, damit sie weiterstrolchen können, denn die Alte hat's eilig, der Alten pressiert's.
Wie den Leuten im Tal unten, denen pressiert's auch immer. Haben immer Eile und schrecklich viel zu tun und arbeiten und krampfen, bis sie umfallen.
Möchten das Heu auf dem Stock haben, noch bevor sie zu mähen beginnen. Pressieren, pressieren und schuften sich zu Tode. Bloss weil sie nicht wissen, was sie aus ihrem Leben machen sollen.

Eine Höllenhatz das ganze Jahr. Die Arbeit, ihr Fluch.

> Weil du von
> diesem Apfel gekostet hast,
> den deine Eva dir
> gegeben haben soll,
> du verfluchtes Ratschmaul,
> weil ihr von diesem Apfel gekostet habt,
> sollen du und deine Frau
> erkranken
> an Arbeits-Sucht.

Diese Leute sind krank, bis tief in ihre Seele sind sie krank, haben keine Zeit, nehmen sich keine Zeit.
Bloss einer zwingt sie, sich Zeit zu nehmen, zwingt die

peda quels giu la Val in mument, in pign mumentin, mo
ina suletta, in pign pign mumentin.

> La mort che sega e sega
> e tunda els giud la lavur
> senza grondas damondas
> senza maina emparar
> maina empiara, maina empiara,
> schi gesta cun tuttas,
> schi gesta cun tuts.

Spetga ed hagies pazienzia, mo aunc in pign mument.
Na, la mort spetga buc, lezza pren giud la lavur, tunda e
tunda l'arclina marscha, la carsiala secca, fa buca dif-
ferenzas denter giuven e vegl, bi ni mitgiert, daners ni
deivets, pantun ni fussau, da platta ni da pegna, lai buca
secumprar ora ils rehs, ei gesta, ei reclia, teidla buca
mument las stgisas, fa flucs cul stresserverc dalla Val.
Paupers tocs, paupers tocs. Colonnas da sclavas e
sclavs dalla lavur. Entiras processiuns en cadeinas.
Han maina peda, han maina peda.

Ston aber far peda silmeins da murir, da ventscher,
crapar.

Leute da unten im Tal, sich einen Augenblick Zeit zu nehmen, einen kleinen Augenblick nur, nur einer zwingt sie, einen kurzen, kleinen Augenblick lang.

> Der Tod, der sie mäht und schneidet
> mitten aus ihrer Hast,
> stellt keine Fragen,
> hört keine Klagen,
> macht alle bleich
> und gleich.

Wart doch, gedulde dich einen Augenblick, nur noch einen kleinen Augenblick. Nein, der Tod wartet nicht, nimmt sie mitten aus der Arbeit fort, mäht das schlaffe Reitgras wie den dürren Klappertopf, macht keine Unterschiede zwischen zart und zäh, jung und alt, Gehsteig und Gosse, grobem Klotz und feinem Span, alles ist ihm einerlei, gerecht und redlich macht er Schluss mit Hinz und Kunz und Hatz und Hetz da unten im Tal. Arme Tröpfe, bedauernswerte Toren, Sklavinnen und Sklaven der Arbeit, ganze Prozessionen und Kolonnen in Ketten, immer in Eile, ohne Rast, ohne Ruh, ohne Zeit.

Müssen sich aber Zeit nehmen, mindestens zum Sterben, zum Verenden, Krepieren.

La crappa sgrezia sut ils triconis. Ils tiers han buca
ruaus, ils gronds sguregiauners. Pors isan. Liufas
tuoschan. Muostgas gnarvusan. Culiazs sestendan.

Tgei sei, Giacumbert? Quei ei la Val dil Draus.

La liunga liunga colonna da cavals. Il Plaun zaccuda.
L'alvauna sguscha tochen tratsch, fa tut tuttina tut
tuttina. Daco fas aschia, cavagl alv dalla Greina? Tilas
il tgau alv anavos, il baditschun encunter tschiel pallid,
e fas schi da mitgiert. Grondas las narischs, memia
grondas, sgnuflas e sgnuflas per buca calar. Il Plaun
sempluna cun cavals e cavals. Rampluna sut ils fiars. Il
Draus sezaccuda che las scrottas vibreschan tras l'aria,
tias scrottas. Rampluna sut tes fiars, Giacumbert. Crap-
pa alva, gitta, en retscha fa parada pil giat.
Muossa ils dents il sgarscheivel bov alv, sburfla e sbur-
fla, fa malschuber cul vent: il member glimari ballucca
malsegideivels, vegn ord il venter dalla brenta sco ord
nuot,

               uuuuuuaaaaaaoooooo

scava sc'in bov el Draus, ella Val dil Draus.

Der Fels knirscht unter den Tricouni. Die Tiere sind
brünstig, stössig, hitzig, geil und geben keine Ruh. Eber
schnobern, Sauen grunzen, dicke Fliegen surren, Hälse
recken, strecken sich.

Was ist, Giacumbert? Das ist die Val dil Draus.

Die lange, lange Kolonne der Pferde. Die Ebene bebt.
Der Nebel hängt bis zur Erde, macht alle, alles gleich.
Warum so wüst und wild, weisses Greina-Ross? Hoch
erhoben der Kopf, weisser Kiefer gegen fahlen Himmel,
riesig die Nüstern, lautes Schnauben immerfort. Die
Ebene ein Meer von Pferderücken, erdröhnend unter
unzähligen Eisen. Der Draus erzittert und die Nebel-
fetzen fliegen. Deine Fetzen, Giacumbert, deine Eisen.
Spitze weisse Felsen stehen stramm Spalier – für nichts
und niemand und die Katz.
Schüttelt sein Haupt der furchtbare weisse Stier, treibt
es schnaubend, keuchend mit dem Wind: Schwerfällig
zuckt das mächtige Glied, fährt aus dem Bauch des Ne-
bels, aus dem Nichts,

            uuuuuuaaaaaaooooo

drängt und stösst und wühlt sich tobend in die Val dil
Draus.

Giacumbert ei buca ius a nozzas. Il pastur s'audi ell'alp tenor pugns da roda*, veva el detg al spus sigl invit, ed il spus veva detg ch'el capeschi, e cun quei era la caussa stada liquidada.

Tiu bien amitg marida oz, Giacumbert! Ti vegnas pli e pli persuls. Tes amitgs insuenterlauter fan pops cun lur amitgas, seremettan, vegnan sterics, vegnan jasters. Tias amitgas inasuenterlautra maridan, salidan buca pli tei, van spuretgamein a far lur cumissiuns, rian buca pli sin tei, smaccan buca pli egls. Ellas ein vegnidas mummas, fumitgasas, sclavas da lur umens. Ti ughiasses buca pli da tuccar en ellas, gnanc sut meisa vi ughiasses ti da tuccar. Stericas ein ellas vegnidas cun maridar. Per tei ein ellas mortas, e ti eis morts per ellas.
Cul maridar cala l'amur.

Tiu amitg marida oz. Ussa catschan ei forsa ils anials in a l'auter ella detta, empermettan da quei ch'ei san buca tener e teidlan sil prer. (Giacumbert maguglia ina sort pastg ch'ei numnan muot, senta la spida verda. Il bratsch seniester denter comba. La detta va sco in risti tras la pelegna liunga dil tgaun. El di: Diabola. Senta co ella gauda quei.)

Albertina ei ussa tut en alv avon gl'altar, di gie e repeta

---

* *Ils sterlers de tuttas las alps shetgias dein buca irra ord lalp senza sufficienta schtgisa, sei de purtar en peun, ner avisar il cuitg ner pursenavels denquall auter muncamen dils tiers, et en quei cass en 24 uras esser en lalp.*
Pugns della roda, 1805

Giacumbert ist nicht zur Hochzeit gegangen. Nach altem Brauch und Recht* gehöre der Hirt auf die Alp, hatte er dem Bräutigam auf die Einladung geantwortet, und der Bräutigam hatte gesagt, dass er dafür Verständnis habe, und damit war die Sache erledigt.

Dein lieber Freund heiratet heute, Giacumbert!
Du wirst immer einsamer. Deine Freunde machen mit ihren Freundinnen Kinder, einer nach dem andern, fügen sich, werden förmlich, fremd. Deine Freundinnen heiraten, eine nach der andern, grüssen dich nicht mehr, erledigen eilig und verschlossen ihre Einkäufe, lachen dich nicht mehr an, zwinkern dir nicht mehr zu. Sie sind Mütter geworden, Dienstmädchen, Sklavinnen ihrer Männer. Würdest dich nicht mehr getrauen, sie zu berühren, nicht mal unterm Tisch würdest du dich getrauen. Steif sind sie geworden mit der Heirat. Sie sind tot für dich, und du bist tot für sie.
Mit der Heirat hört die Liebe auf.

Dein Freund heiratet heute. Gerade jetzt zwängen sie einander vielleicht die Ringe an die Finger, versprechen sich, was sie nicht werden halten können, hören dem Pfaffen zu. (Giacumbert kaut ein Kraut, das sie Muttern nennen, schmeckt bittergrünen Speichel auf der Zunge. Seine Finger fahren durch das dichte Fell der Hündin

---

* *Die Hirten aller Galtvee Alpen söllend nit oone gnugsamen Grund uss der Alp gaan, als da wär Brod zu holen, item den Vogt oder die Alpgnossen zu avisiren, so die Tier ein Bresten hettend, und söllen disfalls biñen 24 Stunden zrugg in der Alp seyn.*

Alpsatzung Sumvitg, 1805

suenter al prer da quei ch'ella sa buca tgei ch'igl ei, da
quei ch'ella vegn mai a saver tener.
Albertina avon in prer!
La bella dama senza pietà avon in prer!
La stria avon in pagaun!

Jeu vegnel buca ordlunder, aber tgi less schon vegnir
ordlunder cun las femnas, jeu manegel cun quellas pau‑
cas che han zatgei vidad ellas, quei zatgei che fa sulet
interessants il viver, per quei zatgei ch'ins dess la paga
dalla stad da saver mo star dasperas paucas minutas.
Albertina avon in prer ha quei, ed aunc duas ch'jeu
hai emblidau il num, ed autras enconuschel jeu buca che
han quei zatgei, e perquei interesseschan ellas buca
mei. Albertina veva tschappau mei cun siu rir, cun sia
vusch e cun siu vuler empruar tut quei ch'ins sappi
empruar ella veta.

Quei ch'ella era, era ina teila falien, ed en quella teila
falien era quei zatgei. Nuot vesev'ins, aber ei era cheu,
ed ei era schizun els principis d'Albertina, ch'el veva
mo in ton bugen, e perquei vev'el bugen ella. El embra‑
tschava fetg Albertina e cun Albertina ses principis, e
cun ses principis embratschava el tuttenina – ina mari‑
dada.

Albertina ri siu rir, perquei che Giacumbert di: «Maridà
fa penderlà.»

Albertina ch'eis tut en alv, che repetas da quei che ti
sas buca tgei e che ti sas buca tener, mazza miu tgierp!

wie ein Rechen. Er sagt: Diabola. Spürt, wie sie es geniesst.)

Albertina steht jetzt vor dem Altar, ganz in Weiss, sagt ja und spricht dem Pfaffen Wörter nach, die sie nicht kennt, Dinge, die sie nie wird halten können.
Albertina vor einem Pfaffen!
La bella dama senza pietà vor einem Pfaffen!
Die Hexe vor einem Heiden!

Ich verstehe sie nicht, aber wer könnte sie schon verstehen, die Frauen, ich meine jene Frauen, die dieses Eine in sich haben, für das es sich zu leben lohnt. Albertina hat es, und noch zwei haben es, deren Namen ich vergessen habe, und bei anderen Frauen habe ich es nie gespürt, und darum interessieren sie mich nicht. Albertina hatte mich ergriffen mit ihrem Lachen, mit ihrer Stimme und mit ihrem Willen, alles zu versuchen, was es im Leben zu versuchen gibt.

Was sie war, war wie Spinnweb, und in diesem Spinnweb war es. Man sah es nicht, aber es war da, und es war sogar da in Albertinas Grundsätzen, die er nur mässig liebte, und eben darum liebte er sie. Fest umarmte er Albertina, und mit Albertina umarmte er ihre Grundsätze, und mit ihren Grundsätzen umarmte er unversehens – eine verheiratete Frau.

Albertina lacht ihr Lachen, weil Giacumbert sagt: «Verliebt, verheiratet, verkommen.»

Albertina ganz in Weiss: Töte meinen Leib.

387. Tgei meina tier la malschubradat?

Tier la malschubradat meinan:
1) mervegliusas êgliadas,
2) maldischent sevestgir,
3) maltempronza e lischentadat,
4) schliatas compagnias e scartiras,
5) prigulus teaters, giucs e saltêms, sco èra memia libra conversaziun cun persunas d'autra schlateina.

Cudisch della Doctrina Catholica

377. Was verleitet zur Unkeuschheit?

Zur Unkeuschheit verleitet besonders
1) Vorwitz der Augen,
2) unehrbare Kleidung,
3) schlechte Gesellschaft und Lesen unsittlicher Schriften,
4) unanständige Spiele und Tänze, sowie zu freier Umgang mit dem anderen Geschlechte,
5) Trunksucht und Müssiggang.

Katechismus der katholischen Religion,
Herausgegeben auf Befehl und mit Gutheissung
des Bischöflichen Ordinariates Chur, 1912.

Ti dueis buca garigiar la dunna de tiu proxim.

Ah gie, Diabola, jeu erel ina buccada bancher nausch dalla secunda classa che nus vevan d'emprender ordado il catechissem e zuar il gries ed il manedel, e tgei che nus sburbatavan savevan nus nuot, Diabola. Inaga da ductrina hai jeu teniu si e dumandau igl augsegner tgei che quei vegli dir «garigiar». Cheu hai jeu survegniu ina entuorn las ureglias dalla Sontga Gretta ch'jeu hai teniu endamen.
«Ti dueis garegiar la dunna da tiu proxim» ei mia vendetga. (E maguglia ina sort pastg ch'ei numnan muot.)

Du sollst nicht begehren deines Nächsten Weib.

Ach ja, Diabola, ich war ein Dreikäsehoch in der zweiten Klasse, als wir den Katechismus auswendig lernen mussten, auch das Kleingedruckte, und von dem, was wir daherplapperten, Diabola, hatten wir keine Ahnung. Einmal habe ich mich gemeldet in der Religionsstunde und den Herrn Pfarrer gefragt, was das heisse, «begehren». Da habe ich vom Heiligen Zorn eine Ohrfeige bekommen, die ich mein Lebtag nicht vergessen werde. Fortan hiess meine Rache: «Du sollst begehren deines Nächsten Weib». (Und kaut ein Kraut, das sie Muttern nennen.)

Speronza tegn l'aura.

Hoffentlich hält sich das Wetter.

Di il proverbi:
Nuorsas ston ins schar ir, femnas ston ins schar far e sin umens ston ins buca tedlar. Umens ein femnas veglias che toffan da buc e sefan da grond. Umens ein u tirans ni tgagiacaultschas ni domisdus enina: a casa tgiagiacaultschas e schiglioc (sil mistregn, da militer, en uffeci, ell'ustria, enta letg) hazras bahaultschas.

Umens ein femnas veglias. Giacumbert aber prefereva las femnas giuvnas, ed el scheva adina: Femnas ston ins schar far.

Sagt das Sprichwort:
Schafe soll man ziehen lassen, Frauen soll man machen lassen, und auf Männer soll man nicht hören. Männer sind alte Weiber, die nach Bock stinken und wichtig tun. Männer sind entweder Tyrannen oder Hosenscheisser oder beides zusammen: zuhause Hosenscheisser und sonst (bei der Arbeit, im Militär, in der Politik, in der Beiz, im Bett) blasierte Gecken.

Männer sind alte Weiber. Giacumbert aber zog junge Frauen vor und pflegte zu sagen: Frauen soll man machen lassen.

a)

Cun 37 onns veseis vus uss cheu Giacumbert Nau. Quei um veva gudiu lu tut ils plaschers dalla veta. Sulet ina nera vess el aunc embratschau bugen, pervia dalla pial e pervia dil fried. E sche la mort fuss vegnida siper el cun bucca rienta e detg «Neu!» fuss el ius senza targlinar nua che tuts van cu ei han dad ir, persuls, cun ni senza prer, persuls.

El fuss ius senza pli bia, pertgei el veva viviu sia veta, el veva fatg ses zambagls ed era staus mal per buc in. Ussa era el saziaus, prendeva tut sco ei vegneva, magliava e bueva, murava e mureva buca provedius culs sogns sacraments.

a)

Da steht er jetzt mit seinen 37 Jahren: Giacumbert Nau.
Dieser Mann hat alle Freuden des Lebens genossen.
Einzig eine schwarze Frau würde er gerne noch umarmen, wegen der Haut und wegen dem Duft. Aber wenn
der Tod lachend zu ihm käme und sagen würde
«Komm!», dann ginge er ohne Zögern mit, dahin wo alle
hingehen, wenn sie gehen müssen, allein, Pfaffen hin
oder her, allein.
Er würde ohne weiteres mitgehen, denn er hat sein
Leben gelebt, hat seine Sprünge gemacht und keinen
einzigen bereut. Jetzt ist er gesättigt, nimmt alles wie
es kommt, isst und trinkt, liebt und lebt ohne Segen
und Sakramente und gedenkt auch so zu sterben.

b)

Cun 37 onns veseis vus uss cheu Giacumbert Nau. Quei um veva sentiu tut ils mals dalla veta. Sulet in mal veva buc aunc embratschau el: il mal dalla mort.

Biars veva el viu a murend, era staus leu e veva saviu far nuot. Aber la mort saveva buca far mal a quel che mureva, plitost vegneva ella sur el en sco zatgei lev, alv, bufatg. El fageva vess da veser a mond insuenterlauter quels ch'el veva bugen, cunzun pils vegls fageva el vess, pils vegls pervia da lur lungatg e pervia dalla veta vargada che taccava vidad els cu els raquintavan senza s'unfisar. Trentasiat onns era buca bia, aber en quels onns svaneschan biars ch'ins ha giu bugen, vegnan mai pli, maina.

El fuss ius senza pli bia, pertgei el veva viviu sia veta, possedeva nuot sin tiara vid il qual sias greflas vessen saviu setener, veva buca raflau daners e tetels ed uffecis. Viver veva tunschiu per el, viver il di.

El era saziaus, prendeva tut sco ei vegneva, magliava e bueva, murava e mureva buca provedius culs sogns sacraments.

b)

Da steht er jetzt mit seinen 37 Jahren: Giacumbert Nau.
Dieser Mann hat alle Leiden des Lebens gefühlt. Nur
ein Leid hat ihn noch nicht umarmt: der Tod.
Viele hat er sterben sehen und ist hilflos dabeigestanden. Aber der Tod tut nicht jenen weh, die er holt. Meist
kommt er ganz leicht und weiss und sachte über sie.
Giacumbert jedoch schmerzt es, einen nach dem andern
all jene gehen zu sehen, die er gern hat. Vor allem der
Tod der Alten geht ihm nah, wegen ihrer Sprache und
wegen des vergangenen Lebens, das um sie ist, wenn sie
so unermüdlich erzählen. Siebenunddreissig Jahre sind
nicht viel, aber in siebenunddreissig Jahren gehen viele,
die man gern gehabt hat, kommen nicht zurück, nie
mehr.
Er würde ohne weiteres mitgehen, denn er hat sein
Leben gelebt, besitzt nichts auf dieser Welt, woran er
sich krallen könnte, hat weder Geld noch Titel noch
Ämter gerafft. Leben, das hat ihm genügt, den Tag leben.
Er ist gesättigt, nimmt alles wie es kommt, isst und
trinkt, liebt und lebt ohne Segen und Sakramente und
gedenkt auch so zu sterben.

*388. Pertgei duein nus fugir la
malschubradat?*

*Nus duein surtut fugir la malschubradat,
perquei che negin puccau ei aschi turpigius
ed ha schi terriblas consequenzas.*

La malschubradat ei aschi turpigiusa, perquei ch'ella degradescha il car-
stgaun, la semeglia de Diu ed il tempel dil s. Spert, e fa el semeglionts agl
animal.

Cudisch della Doctrina Catholica

379. Warum sollen wir die Unkeuschheit über alles meiden?

Wir sollen die Unkeuschheit über alles meiden, weil keine Sünde schändlicher ist und keine so schreckliche Folgen hat.

Die Unkeuschheit ist deshalb so schändlich, weil sie den Menschen, das Ebenbild Gottes und den Tempel des Heiligen Geistes, zum Tiere herabwürdigt.

> Katechismus der katholischen Religion,
> Herausgegeben auf Befehl und mit Gutheissung
> des Bischöflichen Ordinariates Chur, 1912.

Il saung d'Albertina

Albertina stat sin tuts quater sur el en en fatscha als batlinis cotschens tschuffergnai e di loscha: «Giacumbert, ti has fatg star in camutsch.»

El tila la tigra sin siu tgierp e va cun la lieunga cotschna tras ses dents alvs.
Tgietschen & alv.
Els van tras lur corps cul saung d'Albertina, renta la pial vid la sia, il fried mazza mei, il fried d'Albertina, il camp da battaglia, e tut tut igl alv vul taccar vid il tgietschen dalla veta.

Cul saung dad ella scriva el siu num
cun siu det sin siu tgierp.

Albertinas Blut

Albertina kauert auf allen Vieren über ihm, über rotbeschmutzten Bettlaken und sagt stolz: «Giacumbert, du hast eine Gemse erlegt.»

Er zieht die Tigerin an sich, lässt seine Zunge durch ihre Zähne gleiten.
Rot & weiss.
Sie erkunden ihre Körper mit Albertinas Blut, Haut klebt an Haut, der Geruch tötet mich, Albertinas Geruch, das Schlachtfeld, und alles alles Weiss hängt am Rot des Lebens.

Mit ihrem Blut schreibt er ihren Namen
mit ihrem Finger auf seinen Körper.

Il di dalla disgrazia vegn endamen ad el:

El veseva mellen ed alv. Siu maun seniester veva palpau falliu. El veva buca quintau cun bletsch. Il terren veva schau dar. Mellen ed alv.
El realisava nuot. In piztgem onsum la detta seniastra, e cu el palpava cul maun la barba rara veseva el il saung ed il stumbel d'in maun senza detta. Quater detta naven, splattergnai dalla crappa, mo il polisch aunc entirs. El senteva in lev piztgem onsum la detta ch'era naven, smaccada naven. Lu ha la coraglia entschiet a luvrar. El veseva mellen avon ses egls. El ferdava il fried dalla crappa.

Giacumbert contempla siu maun seniester smuttau, va cul dretg sur la dartuglia vi, palpa ils stumbels da quater detta. El veva giu cletg da vegnir orda la bova vivs, aber cun mulscher eis ei stau finiu e cun ir cun vaccas ellas palas dils solvers.
Las vaccas muncavan ad el. Saver far manevers cun in muvel sils solvers, far pial gaglina a siu signun, esser il center dil mund.

Sgarscheivel schava el encrescher per las vaccas grevas ch'el sussentava las damauns ord la lozza dil stavel.

Der Tag des Unglücks kommt ihm in den Sinn:

Er sah gelb und weiss. Seine linke Hand hatte an der falschen Stelle Halt gesucht. Mit der Nässe hatte er nicht gerechnet. Der Boden hatte nachgegeben. Gelb und weiss.
Zuerst begriff er nichts.
Ein Prickeln in den Fingerspitzen seiner Linken, und als er sich in den schütteren Bart greifen wollte, sah er Blut und den Stumpf einer fingerlosen Hand. Vier Finger ab, vom Geröll zerschmettert, nur noch der Daumen ganz. Und ein leichtes Prickeln in den Fingerspitzen, die nicht mehr da waren. Dann begann sein Magen zu rebellieren. Gelb wurde ihm vor den Augen. In der Nase der Geruch von Geröll.

Giacumbert betrachtet seine verstümmelte Linke, streicht mit der Rechten über die Knöchel, betastet die vier Fingerstümpfe. Mit Glück war er lebend aus der Rüfe gekommen. Aber mit dem Melken war es aus, und fortan trieb er keine Kühe mehr zur Morgenweide in die steilen Halden.
Die Kühe fehlten ihm, das Gefühl, Mittelpunkt der Welt zu sein, wenn man eine ganze Herde auf der steilen Morgenweide herumdirigieren konnte, bis der Senn Gänsehaut bekam.

Schreckliches Heimweh hatte er nach den schweren Kühen, die er Morgen für Morgen aus dem Morast des Stafels getrieben hatte.

Remarcabel:

Albertina di: Sch'jeu vegnel aunc inaga sil mund, less jeu esser in um.

Giacumbert di: Sch'jeu vegnel aunc inaga sil mund less jeu esser in tgaun.

Merkwürdig:

Albertina sagt: Wenn ich nochmals zur Welt komme, möchte ich ein Mann sein.

Giacumbert sagt: Wenn ich nochmals zur Welt komme, möchte ich ein Hund sein.

Sch'enzatgi ei daus giu, ne daus encunter, streha ins la noda cun il saung d'ina gaglina alva e lai schigiar quel, lu scomparan tuttas nodas.

Crestomazia

Wenn jemand gestürzt ist oder sich gestossen hat,
soll man die Wunde mit dem Blut eines weissen Huhns
bestreichen, dann verschwinden alle Narben.

Rätoromanische Chrestomathie

L' aua cotschna cula a Giacumbert Nau dalla comba
giuado. Tgietschen e saung.
Giacumbert ha tema, tema da murir. Zatgei ei buc en
uorden, ti peschas saung. Criua verdad. Quel ch'ei schi-
glioc aschi muotis denter comba stat cheu murtiraus e
fa buca huz, sefugess pli bugen, aber nua? Tgei gidi
ch'il barometer va ensi. Gidass forsa ieli da riz, tamf da
caffè freid, ni péscha cavagl, ni paternos da femnas, aua
da lurt ni schiglioc in striegn? Launa giat forsa?

Tut per dominum clavella!

Ed aschia eisi capitau che la butteglia da vinars mava
engiu ferton ch'il barometer mava ensi. Aber tiel docter
fuss el ius ni per salidadas ni per paternos.

Giacumbert, il sefetg, ha sefitgau e sefitgau tochen che
siu collega denter comba ha puspei entschiet tec a tec a
far pésch mellen, gl'emprem aunc stgir, lu pli e pli alv.
E cun igl alv ei era il regl da viver puspei turnaus, la
tema ei svanida, e denter comba quitava Giacumbert
ch'ei sereghegli puspei mintgaton zatgei.

Rot rinnt es Giacumbert Nau übers Bein. Rot und Blut. Giacumbert hat Angst, Todesangst. Etwas stimmt nicht, Giacumbert, du pisst Blut. Grausame Wahrheit. Er, der sich sonst so mutwillig gebärdet zwischen deinen Beinen, er hängt gepeinigt da, tut keinen Wank, würde sich am liebsten verkriechen. Aber wohin? Was nützt's, dass das Barometer steigt? Könnte Rizinusöl helfen, kalter Kaffeedampf, Pferdebrunz oder Frauengebet, Lourdes-Wasser, sonst ein Zaubermittel? Katzenwolle vielleicht?

Alles für die Füchse!

Und so geschah es, dass in der Schnapsflasche der Pegel sank, während das Barometer stieg. Aber keine Macht der Welt hätte ihn zum Doktor gebracht, auch kein Ave und kein Vaterunser nicht.

Giacumbert, der Starrkopf, trotzte und bockte, bis der Genosse zwischen seinen Beinen nach und nach wieder gelb pisste, dunkelgelb zuerst, dann heller und heller. Und mit der hellen Pisse kehrte auch die Lebenslust zurück, die Ängste schwanden, und es dünkte Giacumbert, dass sich zwischen seinen Beinen ab und zu wieder etwas rege.

El tila las ragischs melnas ord la tiara blaua, tila ellas per plaun vi. Siu maun tschappa ils culiazs, zaccuda els, marcla las ragischs vid la stgeina comba per ch'il tratsch detti giu. Cuas e cuas entuorn el sin la tiara. Il tgierp siua, la detta brischa dil tratsch e dil fried dall'ansauna. Il sulegl brischa giuaden sil libroc. El tratga: sebetter e far in tut, tila leu il zappun e sederscha per liung denter l'ansauna enagiuaden, la capiala sil frunt. Brischa il sulegl, la coga, giuaden sin Giacumbert che fa in tut.

Las cuas semuentan. Ina, treis, siat, tredisch, ventgina, tschuncontatreis, navontanov cuas seregheglian. Melnas las siarps tarladidas, grondas e pintgas, bestias grossas, las crunas grondas, magari cun sis e siat tgaus. Spidan fiug ils tgaus viers il tschiel dalla Gaglinera, gnarvusan las lieungas fendidas, saultan las siarps dil barlot mellen ad in saltar en rudi, mordan ella cua ina a l'autra e fan in rin strienau, ina spirala gronda el coga sulegl.

Vuschs saultan el tact dalla suna che sgulatscha e fa musica tut orda senn els lufts. Ord la suna sgregnan las vuschs gittas ina fallileia che Giacumbert quitava da ver stuiu ver udiu zanuas:

> *Ti stos capir!*
> *Gl'in diesch fai dir,*
> *e dus lai ir,*
> *e treis fai peis,*
> *lu rehs ti eis.*

Er zieht die gelben Wurzeln aus der blauen Erde,
überall liegen sie verstreut. Er packt sie am Hals, zieht,
schüttelt, klopft die Erde am Schienbein ab. Wurzeln,
Wurzeln, lange gelbe Schwänze um und um. Er
schwitzt, an den Fingern brennt die Erde und die Bitternis des Enzian, und auf die Weste brennt die Sonne
nieder: Zeit für ein Schläfchen. Er lässt den Pickel fallen
und legt sich mitten zwischen Stengel und Stauden,
den Hut auf der Stirn. Brennt die Sonne, die verflixte,
herunter auf den schlummernden Giacumbert.

Die Schwänze regen sich. Einer, drei, sieben, dreizehn,
einundzwanzig, dreiundfünfzig, neunundneunzig gelbe
Schwänze fangen an, sich zu winden und zu ringeln.
Gelbe Schlangen, kleine, grosse, dünne, dicke, mit sechs
und sieben Köpfen, mit Kämmen und Kronen. Speien
Feuer die Köpfe in den Himmel der Gaglinera, spucken
und zucken und züngeln gespalten, wiegen sich im Takt
und tanzen im Kreis, verbissen Kopf an Schwanz und
Schwanz an Kopf, verhexter Ringelreihen, wirbelnde
Spirale in der Sonne, der verflixten.

Stimmen tanzen im Takt einer wilden Musik, es ist ein
Surren, Sirren, Schwirren in der Luft, und mittendrin
eine schrille Litanei, die Giacumbert von irgendwoher
kennt:

> *Du musst verstehn!*
> *Aus Eins mach Zehn,*
> *Und Zwei lass gehn,*
> *Und Drei mach gleich,*
> *So bist du reich.*

Lai cuar il quater!
Ord tschun fai sis,
striegn sil pis.
Fai siat ed otg,
lu eisi cotg!
E nov ei in
e diesch negin.
Quei ei dil huz
gl'inagain!

Giacumbert ha mirau tier avunda sut la capiala o il striegn malediu, seglia en schanuglias, tschappa las siarps buca hofli per tgau e tgil e tila el sac las ragischs, smacca giuaden ellas e smacca e smacca. Fa fin cul striegn manedel.

Mira! «Sssssssssssssss». Viers sid ina scua che sgola en prescha, la schuba schubanza sgulonta, has viu? Toccun untgiu o il crap culla crusch.

Verlier die Vier!
Aus Fünf und Sechs
– so sagt die Hex –
Mach Sieben und Acht,
So ist's vollbracht:
Und Neun ist Eins,
Und Zehn ist keins.
Das ist das Hexen-Einmaleins!

Genug gehört, Giacumbert, genug gesehen unter deinem Hut hervor! Er springt auf, packt die gelben Schlangen an Köpfen und Leibern und Schwänzen und stopft die Wurzeln in den groben Sack, drückt und stösst und presst und schnürt und macht dem Spuk ein Ende.

Schau! «Sssssssssssssss». Gen Süden sauset ein Besen in Eile, hast gesehen die Röcke im flatternden Flug? Und mächtig der Bogen um den Stein mit dem Kreuz!

Quels ols mises san buca tgei pigliar a mauns,
stattan entuorn,
envidan tschunconta gadas la pipa,
tilan mp mp mp,
tugnan sur dils da bulius,
van entuorn clavau a murmignond cun la
pipa stezza,
dian siat gadas en di il medem,
«tila nuot», mp mp mp, feman schuebels,
tugnan ella barba da quei ch'ins capescha nuot,
stattan entuorn culs mauns en sac,
manegian zatgei,
enqueran l'ura el sac dil libroc,
sgrattan il buors,
selamentan,
caveglian grad dus lenns sil burer,
setegnan vid il bubriel,
van en tegia a pipond,
selamentan, pon strusch ver sesez,
vegnan ord tegia cul rospieghel dil tat,
spiegheleschan, «quel cheuen lai ir sc'in scroc»,
pipeschan mp mp mp,
criticheschan la fumeglia d'alp.

Uonn sappien ils starlers dalla Val scargar
cun cravatta nera.
E l'auter onn schein nus ir ils purs ad alp.
Lu van las pagas ensi segir. – Amen. – Punct.

Il nurser speraso sc'in fem, beffegiond:
«Veis che semeglia cuort?»
Ils puranchels: «?»

In den Maiensässen draussen schlagen sie ihre Zeit tot,
stehen herum,
zünden fünfzigmal die Pfeife an,
saugen mp mp mp,
schimpfen über die fremden Pilzsammler,
schlurfen murmelnd um die Scheune,
die Pfeife schon wieder erloschen,
sagen siebenmal am Tag das gleiche,
schlecht zieht sie, mp mp mp,
rauchen Streichhölzer statt Tabak,
brummeln unverständliches Zeugs in den Bart,
stehen herum, die Hände in den Taschen,
meinen irgendetwas,
suchen die Uhr in der Weste,
kratzen sich zwischen den Beinen, nörgeln,
rücken zwei Scheiter auf der Beige zurecht,
suchen Halt am Pfeifenrohr, nörgeln,
ertragen sich selber kaum,
gehen mp mp mp in die Hütte,
erscheinen mit Grossvaters Feldstecher, spiegeln:
«Der da hinten lässt die Schafe ziehen wie ein Schuft»,
tubaken mp mp mp,
lassen keinen guten Faden am Alppersonal.

«Heuer können sich die Rinderhirten zur Abfahrt eine
schwarze Krawatte umbinden.»
Und nächsten Sommer sollen die Bauern auf die Alp.
Dann steigen die Löhne bestimmt. – Amen. – Punkt.

Flitzt der Schafhirt vorbei, höhnt:
«Habt ihr's kurzweilig?»
Die Bäuerlein: «?»

Giacumbert Nau s'imagina sia sepultura.

(glisch!)

(prer): «E-exulta-abunt ossa hu-mi-li-a-ta.»

Matg. La siarp semuenta da baselgia ora. Il prer stat
martuf cun duas ministrantas sil scalem avon la bara.
Il vischi ballucca da quei malsegideivel. La siarp va
suenter baselgia si e da scala teissa si sin santeri.
Il prer spetga malpazients sper la ruosna, spuenta la
mustga che vibrescha, fa giu il suadetsch, tila grad
il pluvial, tuoscha el fem (in tuosch da rutina).
Il rofass ballontscha. Il fem va oz mo suenter la tiara.
Fem da Cain. Il prer ei en siu element. La glieud sere-
parta davos cruschs e monuments sur ils logs. Ussa
ei la crusch sper la ruosna. Quater umens che ein zac-
cudi vidaneu laian giu la chista sil ghitter da lenn.
Il prer malidi sbarbuta bustaps ord ina mappa nera.
Format A5. Fa giu il suadetsch, tuoscha (in tuosch
obligatori), spuenta la mustga, dat in segn da peisa.

Quater umens aulzan, segeinan, las combas dapart.
(«Speronza vai.») Ei tuna da tratsch, la tiara vul buca
prender el. («Stretg.»)
Quater umens sestraian. («I va.») Els tilan siado las
sugas, las stellas van dallas fatschas giu (in pasler
setschenta sin la canal dil Paul). Uss va tut dabot:
Siculghitterdalenn, trerviflurasetschupials, fitgaren-
lacrusch. («Statlacoga?»)

Giacumbert Nau stellt sich seine Beerdigung vor.

(Licht!)

(Pfaff): «E-exulta-abunt ossa hu-mi-li-a-ta.»

Mai. Die Schlange bewegt sich zur Kirche hinaus. Der Pfaffe steht wie eine Kerze zwischen zwei Ministrantinnen auf den Stufen vor dem Altar. Unsicher schwankt der Sarg. Die Schlange windet sich um die Kirche und dann die steile Treppe hoch zum Friedhof. Der Pfaffe wartet ungeduldig neben der Grube, verscheucht eine kreisende Fliege, tupft sich den Schweiss von der Stirn, zupft den Chormantel zurecht, hüstelt routiniert in den Rauch. Das Rauchfass schlenkert, schwingt. Der Weihrauch kriecht der Erde nach: Kainsopfer. Der Pfaffe ist im Element. Die Leute verteilen sich zwischen Kreuzen und Steinen. Jetzt ist das Kreuz bei der Grube angelangt. Vier Männer lassen die Kiste aufs Holzgitter niedergleiten. Der Pfaffe leiert den Inhalt einer kleinen schwarzen Mappe herunter, Format A5. Tupft sich den Schweiss ab, hüstelt, verscheucht die Fliege, gibt gewichtig das Zeichen.

Vier Männer heben, wanken, stemmen mit gespreizten Beinen. («Hoffentlich geht's.») Es schrammt und klemmt und rieselt, die Erde will ihn nicht. («Knapp.») Vier Männer ziehen, drücken, zirkeln. («Es geht.») Sie ziehen die Seile herauf, Schweiss rinnt über die Gesichter. (Ein Spatz setzt sich auf Pauls Dachrinne.) Jetzt geht alles rasch: Holzgitter drüber, Blumen und Kränze drauf, rein mit dem Kreuz. («Hält's?»)

Giacumbert Nau
1947–1983

«Bab fegl spert sogn am
bab fegl spert sogn am
babfeglspertsognam babfeglspertsognambab
feglspertsognambabfeglspertsognambabfegl
spertsognambabfeglspertsognambabfeglspert
sognambabfeglspertsognambabfeglspertsogn
ambbfglsprtsgnmbbfglsprtsgnmbbfglsprtsg»
In suenter l'auter, epi svanescha tut da santeri giu,
perschuadius da ver fatg l'obligaziun!

Schei satrar ils morts lur morts.
Ils daguots dall'aua che Giacumbert ha adina hassiau
taccan vid la crusch lenn.
Giacumbert Nau 1947–1983.

Las funcziuns han funcziunau. Quater umens satiaran
Giacumbert. Satrar ei adina stau zagei pompus. *Haltet
ihn stetig.* Tschiens tiers ha Giacumbert satrau ellas
gondas. Satrei miu cor ella Gonda Gronda denter Cuolmet e Péz Ner, schreg pergiu cun Muot Stalter Laus,
gradvi cun Fecler da Catschadurs! Giacumbert ha adina
fatg satradas pompusas, priu peda. El satiaran quater
umens cun stiflas, suenter las funcziuns, senza publicum, senza pumpa, cun stiflas, culier e cravatta. Malediu cabaret.
Giacumbert Nau 1947–1983.

Giacumbert Nau
1947–1983

«Namn ds Vaters Sohnes Heiln Geistes Amn
Namn ds Vaters Sohnes Heiln GeistesAmn
NamndsVatersSohnesHeilnGeistesAmnNamndsVaters
SohnesHeilnGeistsAmnNamndsVatrsSohnsHeilnGeists
AmnNamndsVatrsSohnsHeilnGeistsAmnNamndsVatrs
SohnsHeilnGeistsAmNamndsVatrsSohnsHeilnGeists
AmNamndsVatrsSohnsHeilnGeistsAmn»
Einer nach dem andern, und dann macht sich alles aus
dem Staub mit dem satten Gefühl erfüllter Pflicht.

Lasst die Toten ihre Toten begraben.
Am Holzkreuz die Spritzer jenes Wassers, das Giacumbert immer zuwider war.
Giacumbert Nau 1947–1983.

Vier Männer beerdigen Giacumbert. Begräbnisse waren
schon immer eine pompöse Angelegenheit. *Haltet ihn
stetig.* Hunderte von Tieren hat Giacumbert in seinen
Geröllhalden begraben. Begrabt mein Herz in der
Gonda Gronda zwischen Cuolmet und Péz Ner, schräg
unterhalb Muot Stalter Laus, auf der Höhe von Fecler
da Catschadurs! Giacumbert hat immer feierlich
beerdigt, sich Zeit genommen. Er aber wird eilig von
vier Männern in Gummistiefeln begraben, ohne Pomp
und Publikum, dafür mit Gummistiefeln, Kragen
und Krawatte. Vermaledeites Kabarett.
Giacumbert Nau 1947–1983.

Il sulegl ri giuaden sils tschops ners, schigenta
ils daguots, lai tacs silla crusch. Tacs da sem.

Si mises il cucu che conta. Gie, il davos d'avrel sto
el entscheiver a dar: u cantar ni schluppar, quei ei lu
marcau la scua.

(tenda)

Giacumbert vegn puspei tier sesez, tucca sia schlatteina
cul maun smuttau, siu stumbel. Senta co'l bab da
milliuns e milliardas sesaulza encunter ils nibels gagls
che traversan il tschiel.

Die Sonne lacht auf die schwarzen Röcke nieder, trocknet die Spritzer auf dem Holzkreuz, lässt Flecken zurück, weissliche Flecken.

Auf dem Maiensäss ruft der Kuckuck. Richtig, Ende April muss er anfangen: Singen oder zerspringen muss er dann, das ist so sicher wie das Amen in der Kirche.

(Vorhang)

Giacumbert kommt zu sich, fühlt mit der Stummelhand nach seinem Geschlecht. Spürt, wie sich der Vater von Millionen und Milliarden aufrichtet gegen den Himmel mit seinem eilig dahinziehenden, scheckigen Gewölk.

In di, ei pudeva esser miez uost, se'l tschanc grond dil
Feleci tuttenina ius ord la muntanera che mava en
corda viers il muletg da Miez, ius ord trutg tut a
sparuns, tschien tschientschunconta meters plinengiu
ellas caglias e staus leu e fatg il botsch. Giacumbert era
vegnius vietis, ha fatg star anavos il tgaun, ei ius giu
ed ha ugliau ed ugliau epi sgiavlau e la finala tertgau
«suffla, ti fas schon aunc giu tes corns», e schau far
miarda.
Duas jamnas ha Giacumbert mirau o il tschanc, dano
lez ei mai vegnius ella muntanera pli: Da tschiens nuor-
sas veva il tschanc vuliu grad quella e buc ina autra.
E quella ha el buca survegniu ed ei ius ellas caglias.
Per posta d'in toc nuorsa nauscha!

Giacumbert ha ditg buca saviu capir il tschanc dil Feleci,
tochen ch'el sez ei in di ius ellas caglias per posta
dad ina, cu ei vess aunc dau tschiens autras dasperas.
Ei pudeva esser miez uost.

Eines Tages, es mag Mitte August gewesen sein, eines Tages hatte sich Felecis grosser Widder plötzlich aus der Herde entfernt, die sich als lange, lange Schnur gegen Muletg da Miez bewegt hatte. Er hatte den Pfad in grossen Sprüngen verlassen, hatte sich hundert oder hundertfünfzig Meter weiter unten in die Büsche geschlagen und war dort geblieben. Giacumbert war wütend geworden, hatte dem Hund befohlen, bei der Herde zu bleiben, war hinterhergeeilt und hatte fluchend versucht, das Tier zur Herde zurückzutreiben, wieder und wieder und umsonst. Und hatte am Ende gedacht, «Blas mir doch, du stösst dir deine Hörner schon noch ab.»
Zwei Wochen hatte Giacumbert den Widder aus der Ferne beobachtet. Der aber war nicht mehr zur Herde zurückgekehrt: Unter hunderten von Schafen hatte der Widder gerade jenes eine gewollt, jenes eine und kein anderes. Und hat es nicht bekommen und hat drum ins Gras beissen müssen. Wegen einem dummen Schaf!

Giacumbert hatte Felecis Widder lange nicht begreifen können. Bis er eines Tages selber ins Gras beissen musste. Wegen einer einzigen, wo es doch hundert andere gegeben hätte. Es mag Mitte August gewesen sein.

Er ist ein Mann des Fleisches. Er würde sofort nachgeben.

Bertolt Brecht, Leben des Galilei

Giacumbert spitgava onn per onn vess la stad. Ed el
saveva che cu la stad era inaga cheu, steva el tuttenina
amiez la stad e saveva buca tgei far cun ella. Saveva
semplamein buca pigliar a mauns ella. El era memia
datier, el era sez la stad. Ed jeu damondel:

> Tgei vul in um sco Giacumbert far cun sesez
> auter che trer panaglia el tschiel gagl?

L'amur ei sco la stad. Strusch ha ei entschiet, eis ei
schon finiu. Ei dat buc amurs da cuoz. Leis forsa exem-
pels? Pli bugen buc, ha? Vegni buca leu cun quellas
amurs schetgas d'atun. Il bletsch ei quei che quenta
tier l'amur. Perquei dat ei perfin denter maridai tons
schetgs e schetgas da Niessegner:

> Pervia dil bletsch che maunca,
> e pervia dallas stads memia cuortas
> e memia pauc cametschas.
>
> Liederlihadat forsa aunc?

Jahr für Jahr wartete Giacumbert sehnsüchtig auf den
Sommer. Aber er wusste: Wenn dann der Sommer endlich da war, stand er plötzlich mittendrin und wusste
nicht, was er mit ihm anfangen solle. Wusste einfach
nicht, wie dieser Sommer zu begreifen wäre. Er war ihm
zu nah, war selber Sommer. Und ich frage:

> Was will ein Mann wie Giacumbert machen
> mit sich selbst, wenn nicht sein Geschlecht
> erheben gegen den scheckigbunten Himmel?

Die Liebe ist wie der Sommer. Kaum begonnen, schon
zerronnen. Es gibt keine dauerhafte Liebe.

> Weil die Säfte fehlen
> und die Sommer zu kurz sind
> und nicht warm und feucht genug.

Sogn Luregn ei in bien di per encurir cristaglias.

Crestomazia

Sankt Laurenz ist ein guter Tag fürs Strahlen.
Rätoromanische Chrestomathie

Nausch mislan magari ils lufts dad Agrena giuaden
dalla Frontscha, vargan la muschna liunga ch'ei num-
nan la Duana dils Franzos.

Aber aunc pli nausch mislan las nauschas buccas
sin plazzas cadruvi, en ustrias e tras telefons. Buca mo
magari, na di per di, ura per ura.

Giacumbert Nau ei mai staus beinvesius denter ils ses.
Ses dents eran memia gits, sia bucca memia agradora,
ses egls memia pitgivs.

Gl'uffiern en nos vitgs ei la faulsadad e la scuidonza
dils vegls. Perquei van tons giuvens dalla val giuado.
Nus savein buca far bia auter che tertgar: «Sche mo
quella generaziun fuss schon morta!» e spitgar e
spitgar.
Il temps lavura per nus. Ni crei jeu forsa falliu?

Bös peitschen manchmal die Winde von Agrena die
Frontscha herunter, vorbei an jenem langen Steinhaufen, den sie Duana dils Franzos nennen, Franzosenzoll.

Aber noch bösartiger peitschen die Schandmäuler auf
Dorfplätzen, in Wirtschaften und durchs Telefon. Nicht
manchmal, sondern Tag für Tag, Stunde um Stunde.

Giacumbert Nau ist nie beliebt gewesen bei seinen
Leuten. Zu scharf waren seine Zähne, zu direkt seine
Rede, zu durchdringend sein Blick.

Die Falschheit und Missgunst der Alten machen unsere
Dörfer zur Hölle. Darum verlassen so viele Junge das
Tal. Wir können bloss warten und hoffen: «Wäre diese
Generation nur schon tot.»
Die Zeit arbeitet für uns. Oder täusche ich mich?

Duas brevs

                                        17.6.81
liebe b…,

es wird nicht gut sein, dass du nach agrena kommst.
die sterne stehen schlecht, und der mond ist prallvoll,
und ich liebe lieber die jungen frauen bei prallvollem
monde und danach auch.
       denn sie sind schamlos wie ich,
       denken nicht mehr an gott,
       opfern ihre eltern,
       und wollen leben in den tag
       und
       den tod grinsend erwarten
       im gurgelnden sumpf
       auf fuorcla ramosa
       hoch oben, über der ebene,
       wo das gras die farbe des rostes hat
       und der sommer zwei tage dauert
       und die liebe der augenblick ist
       und alle erwartungen tot

       schwanger und tot.

Zwei Briefe

23.8.81

Cara,

Ei plova ad in plover. Mintgaton patratgel jeu aunc vida tei, cunzun cu ei plova. Daco vein nus buca fatg l'amur ella Greina cu ei plueva? Sche ti vegnesses aunc inaga cu ei pluess ella Greina, fagessen nus l'amur cu ei pluess?

Ti temas Albertina? Forsa vev'jeu siu fried vida mei. Albertina ha sentiu tei immediat, nus essan stai memia datier. Albertina ha detg che ti seigies biala, ha tschin-tschau da tia bucca. Has ti durmiu inaga cun ella?

Tgietschen & alv ein mias colurs preferidas.

23.8.81

Liebste,

Es regnet ohne Unterlass. Manchmal denke ich noch an dich, vor allem wenn es regnet. Warum haben wir uns auf der Greina nicht geliebt, als es regnete? Wenn du nochmals bei Regen auf die Greina kämst, würden wir uns dann im Regen lieben?

Du hast Angst vor Albertina? Vielleicht war ihr Duft an mir. Albertina hat dich sofort gespürt, wir waren uns zu nah. Albertina sagte, du seist schön, sprach von deinem Mund. Hast du mit ihr geschlafen?

Rot & Weiss sind meine liebsten Farben.

*Der allgemeinen Lage zufolge nennt man diesen Spitz
Terri; um ihn aber von dem unweit gelegenen Derlun
zu unterscheiden, legt man ihm das Beiwort de Canal
bei. Die Bellenter aber nennen ihn in ihrer Sprache:
Pungion de Güda, d.i. Nadelspitz wegen seiner Spitzig-
keit.*

*Sonderbar ist bei diesem Gipfel, dass er allein mit
seinem schwarzgrauen Mantel emporsteigt, und seine
Nachbarn: südlich der Piz Alpättas, und nördlich der
Piz Canal mit gneussig grauer Kleidung sich begnügen.*

Placidus a Spescha, Ersteigung des Terri

Agradgiu cun la Val Canal, in tec sut quei bot vesas ti il fecler dil cavalè. Giacumbert stat sin la muschna dil sulom dil fecler dil cavalè. In mantun plattamorta, davosa perdetga da cavals en Agrena. Quei fecler ha viu il cavagl alv da Blengias. Il gihir dil da Blengias ha fatg sparir cavals mellens e gagls e cotschens e verds. Il sgargnir dil da Blengias ch'ins ha udiu tochen vin Vanescha.

Giacumbert mira giu sil plaun da cavals, ina paliu.

In der Fortsetzung der Val Canal, ein Stückweit unter jenem Höcker, siehst du die Hütte des Rosshirten. Giacumbert steht auf dem Trümmerhaufen, der einmal die Hütte des Rosshirten war. Ein Haufen Schieferplatten, letzter Zeuge für die Pferde von Agrena. Diese Hütte hat den Schimmel von Blengias gesehen. Wenn er schnaubte, verschwanden Stuten von der Alp, gelbe und gescheckte und rote und grüne. Und das Wiehern des Weissen haben sie bis nach Vanescha hinüber gehört.

Giacumbert schaut hinunter auf die alte Pferdeweide, schaut hinunter auf einen Sumpf.

Tgi era Albertina?
Ina dieua ni ina stria, la sontga ni la pitauna?
Tgi era Albertina?
El tschentava adina puspei quella damonda desperada
e saveva ch'el survegni mai la risposta. El, igl um, save-
va buca sentir tgi che la femna seigi. Ussa tuttenina
capeva el daco che la femna era adina puspei vegnida
persequitada, daco che mellis femnas vevan stuiu bar-
schar sils casets senza cuolpa. La suletta cuolpa era
ch'ellas eran femnas, ch'ellas vevan «quei zatgei» en
ellas. El veseva tuttenina las grimassas tarladidas da
venters grass e tgaus tonsurai, veseva quels mascals
engarschauns suttapeis alla stria ella femna. Gie la
stria veva malgrad flommas e casets surviviu tochen oz.
Il pli bugen fuss el sfundraus en ella, en siu tgierp mi-
sterius. El sminava ch'ella veva en ella tut las forzas
dalla natira, las forzas dalla stria, las energias magicas,
las sgarscheivlas, che fagevan tremblar in um sc'ina
caglia. Bia vess el dau, sch'el vess saviu esser mo ina
minuta la stria e mo in mument la pitauna.
Aber el saveva che quei veva da restar misteri per el ni
ch'el fuss ius a frusta senza remischun.
Gie, Albertina era ina stria, era ina pitauna,
era ina sontga, era ina dieua.
Ella era schliata detgavunda e buna detgavunda. Mai
vess el fidau ad ella. Avon vess el aunc fidau al giat.
Ella era tut.
El perencunter era mo in pauper giavel.

Wer war Albertina?
Göttin oder Hexe, Heilige oder Hure?
Wer war Albertina?
Immer wieder stellte er sich diese verzweifelte Frage,
wissend, dass es keine Antwort gab. Er, der Mann,
würde die Frau niemals verstehen. Plötzlich wusste er,
weshalb die Frau immer wieder verfolgt worden war,
warum tausende von Frauen auf den Scheiterhaufen
hatten verbrennen müssen. Ihre einzige Schuld war,
Frau zu sein. Er sah vor sich verzerrte Fratzen über fetten Wänsten, glänzende Tonsuren, sah vollgefressenes
Männervolk, bezaubert und geängstigt zugleich von der
Hexe in der Frau. Ja, die Hexe hat trotz Flammen und
Scheiterhaufen bis heute überlebt.
Am liebsten wäre er ganz in ihr versunken, vergangen
in ihrem geheimnisvollen Leib. In ihr ahnte er alle Kräfte der Natur, die magischen und die schrecklichen, die
einen Mann erzittern lassen. Viel hätte er gegeben, um
nur eine Minute lang die Hexe sein zu dürfen und nur
ein Amen lang die Hure.
Aber er wusste, dass ihm dieses Geheimnis verschlossen
bleiben musste, wollte er nicht elend zugrunde gehen.
Ja, Albertina war eine Hexe, war eine Hure,
war eine Heilige, war eine Göttin.
Sie war überaus schlecht und überaus gut.
Nie hätte er ihr vertraut.
Eher noch hätte er seiner Katze vertraut.
Sie war alles.
Er aber war bloss ein armer Teufel.

Mirar sur gl'esch en en miu fecler ei sco da mirar en ina vacca. Mo plaun plaun sendisa igl egl, e vonzei vegnan crunas schelbas neunavon cun si pauca vischala da furclettas e murglinas tut gries.
Suenter ina piaza po igl egl forsa aunc fixar el ner dil funs zatgei ina fueina.

Miu calzer ei passaus sin ina buccada savun ruis dallas miurs.
Quei ei matei biebein otg meins che jeu sun staus cheu la davosa gada. L'aria stada dat dadens giu e fa – brrr – sescurlar miu tgierp. El taglier alv cun ur blau dil tgaun ina miur secca. Ils dents fins davon ein semors el vit.

Der Blick über die Untertür in meine Hütte ist wie der
Blick in eine Kuh. Erst nach und nach gewöhnt sich das
Auge ans Dunkel, nimmt schiefe Wandbretter wahr und
darauf ein paar Tassen und Teller voller Scharten und
Sprünge und Mäusedreck in Fülle.
Nach geraumer Zeit tauchen aus dem Schwarz des
Hintergrundes die Konturen einer Herdstelle auf.

Mein Schuh tritt auf ein zernagtes Stückchen Seife.
Mehr als acht Monate war ich nicht mehr hier. Muffig-
feuchte Luft dringt in die Lungen, und – brrr – ein
Schauder greift nach mir. Im Hundeteller, weiss mit
blauem Rand, liegt eine vertrocknete Maus. Die feinen
Nagezähne haben sich ins Leere verbissen.

Pli baul cartevas ti aunc ch'ei savessi semidar, oz sas ti ch'igl ei finiu.

Pli baul saltavan aunc tes plaids.

Mes plaids saultan aunc adina el vent, aber aunc zatgei saltina el vent cun mes plaids:
la smaledicziun.

Früher glaubtest du, es könnte sich ändern.
Heute weisst du, dass es zu Ende ist.

Damals tanzten deine Wörter noch.

Meine Wörter tanzen noch immer, aber noch etwas
tänzelt mit meinen Wörtern im Wind:
der Fluch.

Jeu vesel stumbels che vegnan aunc tscheu e leu ord las plauncas, stumbels secs ch'ein stai inaga plontas. La tiara ei empaglia, las auas ein tschuffergnadas, l'aria ei tartignada. Quei tschentaner ha destruiu tut.

La smaledicziun sur las generaziuns da quei tschentaner!

Vess jeu buca giu il dretg da viver sco la glieud?

Vegls da piertg essas!
Enguords engurgni!

Scheis a quels che vessen aunc da nescher in tschec avegnir. Tarladi che vus essas!

Pervia dall'engurdientscha dils vegls ston ils giuvens pitir.

Affons, vos tats ein delinquents,
vos babs ein assassins, vossas mummas ein pitaunas, vossas tattas ein capiergnas!
Mettei buc affons sin quei mund che las duas davosas generaziuns turpegiusas han mess sutsu senza remischun.
Smaledi quels che han privau vus da vossa descendenza!
Smaledi vos perdavons!

I schevan che las olmas da quels che fetschien zanur alla tiara anflien buca ruaus:

Ich sehe Stümpfe, die noch da und dort aus den Hängen ragen, dürre Stümpfe, die einmal Bäume waren. Erde, Wasser, Luft sind besudelt, verdorben, verseucht. Dieses Jahrhundert hat alles zerstört.

Der Fluch komme über die Generationen dieses Jahrhunderts!

Hätte ich nicht ein Recht gehabt, anständig zu leben?

Habsüchtige Horde!
Widerliche Schweinebande!

Schaut die Zukunft, die ihr jenen bereitet habt, die noch nicht geboren sind.

Gier der Alten, Elend der Jungen.

Kinder, eure Grossväter sind Zuhälter,
eure Väter sind Mörder, eure Mütter sind Huren und eure Grossmütter Miststücke!
Setzt keine Nachkommen in eine Welt, die von den beiden letzten Generationen so gnadenlos geschändet worden ist.
Verflucht jene, die euch die Zukunft gestohlen haben!
Verflucht eure Vorfahren!

Die Alten sagten, dass die Seelen derer, die die Erde schänden, keine Ruhe finden:

Meinsvart vegn el da notgs de glina dalla val neuaden sin in cavagl schi alv sco la neiv e va ch'ei dat ora fiug dall'alp de Blengias en ed ora senza paus, ni ruaus.

Manchmal kommt er in Mondnächten ins Tal geritten auf einem Ross so weiss wie Schnee und sprengt auf Alp Blengias funkenstiebend ein und aus, ohne Rast und ohne Ruh.

Sul Crap la Crusch giu: tocca da teila nera, 50 m² teila nera. Audel il tun met ch'ei fa cu'l vent vegn ella teila fermada sul crap, cu'l suffel vegn neu dil Stavel da Lavazzas e scuflenta la teila.
Vesel venters rodunds ners,
femnas neras en purtonza,
fatschas liungas liungas,
vesel la smalediczium che vegn a vegnir
sur dils da culier e cravatta e tut la schenta
che saulta entuorn quels,
vesel lur femnas che han in tagl el venter schluppau.
Stun dasperas e dun rofass.

Il raz smalediu o giun plaun senoda el gliet tschuf da coraglia.
Vesel la smalediczium che vegn a satiuer la refla da tgaus bluts e librocs.
Stun dasperas e dun rofass.

Tocca da teila semischeida cun la put che vegn neu dil sid cul favugn. Sgulatscha la smalediczium ella put putana, senza misericordia.
Stun dasperas e dun rofass.

Crap la Crusch verhüllt im Trauerflor: 50 m^2 schwarzes
Tuch. Ich höre den dumpfen Ton, wenn der Wind das
Tuch auf dem Stein erfasst, wenn eine Bö von Stavel da
Lavazzas her die Bahnen packt und bläht.
Sehe runde, dunkle Bäuche,
schwangere Frauen ganz in Schwarz,
und lang, lang die Gesichter.
Sehe kommen den Fluch über Männer mit Kragen und
Krawatte und über jene,
die um sie tanzen im Kreis,
sehe die Bäuche der Frauen geplatzt und aufgeschlitzt.
Stehe daneben und schwenke das Weihrauchfass.

Sehe draussen in der Ebene den Stamm der Verfluchten,
treibend in einem Meer von Gekröse und Schlamm.
Sehe, wie der Fluch sie ereilt, die Bande mit Bügelfalten
und Glatzkopf.
Stehe daneben und schwenke das Weihrauchfass.

Schwarzes Tuch verwehend im Nebel, den der Föhn von
Süden herüberträgt, flatternd der Fluch in Wind und
Dunst und unerbittlichem Gebrodel.
Stehe daneben und schwenke das Weihrauchfass.

Jeu patratgel co ellas ein vegnidas avon biebein tschien dis, dadas dil Crest la Gonda si, enasi en ziczac stendiu tut a tugnond, dadas si e si, nua che quels treis davos cavrius mavan ei atras e secavigliavan si Cuolm da Nuorsas e si e pauc sut gl'um crap neu, la liunga corda senza fin e misericordia.

Las empremas devan da tschei maun digl um crap enagiu, ferton che las davosas eran aunc giul Crest. Tschiens e tschiens dies alvs veseva miu egl a dend siaden en corda, ed jeu sai aunc che jeu vevel giu detg a miu tgaun: «Tuttas tuornan buca pli dalla val o.»

Ich denke zurück, wie sie vor gut hundert Tagen gekommen und über Crest la Gonda hinaufgezogen sind, immer hinauf, immer nörgelnd, in stetem Zickzack hinauf und hinauf, an den drei dürren Tannen vorbei, der mühsame Anstieg nach Cuolm da Nuorsas, immer hinauf, und dann knapp unterm Steinmann rechts hinüber, eine lange, lange Schnur, ein Rosenkranz ohne Ende und Erbarmen.

Die ersten waren schon im Abstieg hinterm Steinmann, als sich die letzten noch auf Crest la Gonda drängten. Hunderte und Aberhunderte von weissen Rücken sah mein Auge als lange, ziehende Schnur, und ich weiss noch, wie ich zu meinem Hund sagte: «Nicht alle werden das Tal wieder verlassen.»

La pastira vegn alva giudabass e cotschna sidadault,
il glatscher vegn blaus, il vadretg vegn ners. Ils davos
tacs da neiv ein tschufs e nudai dallas greflas dils tiers,
saziai da buatscha tschuffa. Tschuffa ei la davosa neiv
vegnida.
Ensemen dat plaunsiu il vadretg liung.
Ensemen dat la stad.

Die Weide wird im Talgrund weiss und auf den Höhen rot, der Gletscher wird blau, die Schneebrücke wird schwarz. Die letzten Schneeflecken sind schmutzig, gezeichnet von den Klauen der Tiere, gesättigt von ihrem Kot. Schmutzig ist er geworden, der letzte Schnee. Stück um Stück stürzt die grosse Schneebrücke ein. Wie der Sommer.

La Gaglinera ei in lamburin. Albertina ei in lamburin.
La gaglinera ei albertina ed albertina ei la gaglinera.
Negin vegn zacu a vegnir ordlunder en quei discavegl.
El sedesperava bunamein ch'el vegneva buca ordlunder
cun ella. Mo plaun a plaun era el s'endisaus vida quei,
ed in di ch'els eran tut giut sut ina platta crap sc'ina
suschna cun tgauns e tut, veva el sefatg en (pér suenter
ditg) ch'ella era tut autra ch'el. Els eran sco'l tgietschen
ed igl alv, sco l'amur e la mort. Ella era sin tiara, ed el
era cul tgau ellas neblas.

Die Gaglinera ist ein Labyrinth. Albertina ist ein Labyrinth. Die gaglinera ist albertina und albertina ist die gaglinera. Niemand würde sich jemals zurechtfinden in dieser Wirrnis. Darob wäre er mitunter fast verzweifelt. Nur ganz allmählich hatte er sich daran gewöhnt, und eines Tages, als sie zusammen ganz durchnässt unter einer Felsplatte Schutz gesucht hatten, mit den Hunden und allem, da war ihm (nach so langer Zeit) bewusst geworden, dass sie ganz anders war als er. Sie waren wie Rot und Weiss, wie die Liebe und der Tod. Sie hatte die Füsse auf der Erde, er trug den Kopf in den Wolken.

El va e va e va e va falliu, il meander va falliu. Co?
In meander sa ir falliu, tgei? Sas ti declarar? Vai aunc?
Tgei? Eis ti tgi? Tgei? Vai aunc??
Aber bein, el va falliu, ti has raschun:
el va e va e va e va falliu. Igl ei ver.
Ti has raschun.

Er fliesst und fliesst und fliesst in die falsche Richtung,
der Mäander fliesst in die falsche Richtung. Was? Wie?
Kann ein Mäander in die falsche Richtung fliessen?
Kannst du mir das erklären? Bist du bei Trost? Was?
Bist du wer? Was? Bist du bei Trost?
Aber ja doch, er fliesst in die falsche Richtung, du hast
recht: Er fliesst und fliesst und fliesst in die falsche
Richtung. Es stimmt. Du hast recht.

Gl'atun vegn sur el en, gagls sco'l narr da troccas. Saulta e saltina la feglia giudabass, setschuoran ils netschs sblihi sidadault. El hassiava gl'atun che spogliava ils aults, che cuglienava adina la glieud cun far bialaura. Igl atun, il harlechin cul stgalinem e stgalinam gagl, cun sia paretuna, igl atun che chichergnava la cuntrada cul tschiel blau e las conturas precisas dils cuolms.

Chichergnem ed aunc inaga chichergnem.

Curios tunava ei cu'l calzer mava sur las pastiras seccas, curios co'l sulegl tarlischava sil dies da siu libroc; e vi ella plaunca schon baul las umbrivas liungas liungas. Curios co ils reins eran vegni dutgs nauschs, curios. El capeva buca quei, leva gnanc capir ei, pertgei gl'atun era buca siu amitg.

Der Herbst kommt über ihn, bunt wie der Narr im Tarock. Unten im Tal tänzeln die Blätter, auf den Höhen kräuselt sich das bleiche Borstgras. Er hasste den Herbst, der die Höhen zauste und mit seinem schönen Wetter die Leute hinterging. Der Herbst mit seinem trügerischen Schein: ein Harlekin mit Glöcklein und Schellen, der die Landschaft maskierte mit einem blaublauen Himmel und den übertrieben klaren Konturen der Berge.

Schminke, nichts als Schminke.

Seltsam das Geräusch, wenn der Schuh über die dürren Weiden schritt. Eigenartig, wie die Sonne auf der Weste glänzte, und drüben am Hang schon früh die langen, langen Schatten. Kurios, wie aus den wilden Bächen armselige Rinnsale geworden waren. Er verstand das alles nicht, wollte es gar nicht verstehen, denn der Herbst war nicht sein Freund.

Tun e cametg caveglian lur corps inenlauter,
sclareschan las plauncas tessaglia,
fan nausch culla crappa.

Tscheu e leu dat in pliev grev
sil tetg ondulau dil fecler,
fa tèc, fa tèc e tèctèc.

La tgauna tila lev flad e dorma cuntenza,
laschond dar l'aura pils larischs.

.

Blitz und Donner schmiegen
zwei Körper ineinander,
erhellen rundum steile Hänge,
wüten im Fels.

Hie und da fällt schwer ein Tropfen
aufs gewellte Hüttendach,
macht tac, macht tac und tactac.

Die weisse Hündin schläft zufrieden, atmet leicht
und lässt das Wetter machen, was es will.

In griu sut il fecler.
Giacumbert fa in segl ord il strom.
In pur smenond la capiala.

«He, Giacumbert! Damaun scarga.»

Ein lauter Ruf von unterhalb der Hütte.
Giacumbert springt aus dem Stroh.
Ein Bauer schwenkt den Hut.

«He, Giacumbert! Morgen ist Abfahrt!»

Adio!
Stei bein plauncas, stai bein mia alp,
stai bein ti pauper fecler! Adio.

Addio!
Lebt wohl, Weiden, leb wohl, meine Alp,
leb wohl, du armselige Hütte. Addio.

La muntanera semuenta. Ils tiers san nua ch'ei va.
Il sulegl streha aunc ditg buc ils emprems pégns,
po buca tier pli la purgina, il sulegl, il schelm.

In die Herde kommt Bewegung. Die Tiere kennen das Ziel. Die Sonne streift noch lange nicht die obersten Tannen, wird den Rauhreif im Talgrund nicht mehr erreichen. Herbstsonne, später Schelm.

En mes siemis magari ina elefanta clar cotschna,
il nas lunghezia adina en contact cun la tiara.
Emprovel adina da mirar egl egl ad ella, aber jeu anflel
buca siu egl, anflel buca siu egl.
Anflel buca igl egl dall'elefanta.

Tgietschen e cotschen – t o r r o – ed alv.

In meinen Träumen manchmal eine hellrote Elefantin,
ihr ellenlanger Rüssel immer auf der Erde.
Versuche immer wieder, ihr in die Augen zu schauen
und finde ihr Auge nicht, finde und finde ihr Auge nicht.
Finde das Auge der Elefantin nicht.

Scharlach und rot – t o r r o – und weiss.

Per dir la verdad fa la dunna dil cautegia la sontga schuenta, ver eisi.

«O glie', preen, pren carn cheu, i ha uonda, pren giu.»
– «Na, jeu hai avunda.»
«Preen tuttina. Quei toc poss ti schon eun, cheu, i ha schon. Quei cheu per finir eun. Jeu hai bu bugen cu i resta. Pren giu. Vul eun caffè?»
– «Na, jeu hai avunda.»
«Aber quei tec prendas eun, mo quei tec. Has schiau nies chischiel. Buontat ha'l chischau, glie'stoss jeu dir. Aber uss preen tuttina giu, fai bu schi da not. Mèl sui', has bu bugen? Na glie', ti has guess bu giu uonda.»

Ehrlich gesagt: Die Frau des Alpmeisters geht ihm
grässlich auf den Geist.

«Aber doch, niiim, hiiier, Fleisch, es hat genug, greif
zuuu.»
– «Nein, ich habe genug.»
«So niiim doch. Dieses Stücklein magst du noch, da, es
hat genug. Das noch, nur noch das. Ich hab's nicht gern,
wenn etwas übrigbleibt. Niiim. Willst du noch Kaffee?»
– «Nein, ich habe genug.»
«Aber dieses bisschen niiimmst du noch, nur dieses
bisschen. Hast unsern Käse probiert? Prima hat er
gekäst, das muss man ihm lassen. Da, Holunderkonfi,
magst sie nicht? Aber nein, hast gewiss nicht genug
gehabt.»

Ella conta la canzun dalla mort. Ei la canzun per Giacumbert? La stria conta ad in cantar la canzun dalla mort. Ei la canzun per Giacumbert? Giacumbert ei buca pinaus aunc.
Péra conta, ti stria carugna, péra conta. Giacumbert miera cu el vul. Giacumbert ha in bien gust da murir. Fetg biars mieran memia tard, fetg paucs mieran memia baul. Giacumbert ha legiu: *Stirb zur rechten Zeit!* Giacumbert miera cu el vul e buca cu la stria vul. El vegn a murir ella gonda cun ses tiers.

Sie singt das Lied vom Tod. Ist das Lied für Giacumbert?
Die Hexe singt und singt das Lied vom Tod. Ist das Lied
für Giacumbert? Giacumbert ist noch nicht bereit.
Sing nur, Hexenluder, sing nur. Giacumbert stirbt, wenn
er will, Giacumbert hat ein sicheres Gefühl fürs Sterben.
Sehr viele sterben zu spät, ganz wenige sterben zu
früh. Giacumbert hat gelesen: *Stirb zur rechten Zeit!*
Giacumbert stirbt, wenn er will, und nicht wenn die
Hexe will. Er wird in der Geröllhalde sterben, bei seinen Tieren.

*Quei cudisch ei dedicaus
a quels che han vendiu nossas vals
ed a quels che vendan oz ellas.
Els seigien smaledi.*

*Dieses Buch ist jenen gewidmet,
die unsere Täler verkauft haben
und jenen, die sie heute verkaufen.
Fluch über sie.*

Anmerkungen des Übersetzers

7   Aus der «Rätoromanischen Chrestomathie». Diese 15-bändige Sammlung von Texten aller bündnerromanische Idiome wurde vom Kulturhistoriker und Politiker Caspar Decurtins (1855–1916) aus Trun um die Jahrhundertwende herausgegeben und enthält u. a. auch eine umfangreiche Sammlung abergläubischer Vorstellungen.

9   Die Alp Blengias gehörte vor vielen Jahren zwei Brüdern. Sie lebten dort das ganze Jahr, auch im Winter. Nach dem Tod der Mutter wollten die beiden der Einsamkeit entfliehen und darum die Alp verkaufen. Ein Fremder kam nach Blengias geritten, und es gelang ihm, den beiden Brüdern die Alp um ein Paar Schuhe abzuschwatzen. Den Betrüger ereilte nach dem Tod die gerechte Strafe. Er muss seither auf seinem Schimmel ruhelos und funkenstiebend durch die Alpen von Blengias, Ramosa, Diesrut und Greina sprengen. Wer ihn sieht, stirbt der Sage zufolge noch im selben Jahr.

17 Der Flurname «Gagli(a)nera» kommt von lat. gallina, Huhn, wobei hier Stein- oder Schneehühner gemeint sein können.

19 Auf der Greina-Hochebene wurden bis zu Beginn des 20. Jahrhunderts Pferde gesömmert.

35 Besonders auf abgelegenen Schaf- und Rinderalpen war und ist es z. T. bis heute üblich, für die Milchversorgung einige Ziegen zu halten.

41 Das Placidusfest (11. Juli, auf den nächstliegenden Sonntag verschoben) ist das Hochfest der Cadi, ein Fixpunkt des Bauernjahres. Der Sommer wurde einst in die Zeit vor und nach Sankt Placi eingeteilt. Gedacht wird der Stifter des Klosters Disentis, Placidus und Sigisbert.

51 Sieben Sommer weniger vierzehn Tage war auch die sagenhafte hl. Margaretha auf der Alp, und zwar arbeitete sie da in Männerkleidern unerkannt als Zusenn, bis sie eines Tages auf einer Steinplatte ausglitt und der Hüterbub ihre Brüste sah. Weil er

den Mund nicht halten konnte, verliess Margaretha die Alp,
und alles nahm ein schlimmes Ende.

55 Wenn jeweils ein Hirte neu eine Alp übernimmt, lässt er sich
von einem Amtsvorgänger oder erfahrenen Bauern die verschiedenen Weidflächen, das System des Weidwechsels und den
Grenzverlauf zu den benachbarten Alpen erklären.
Drei Ave lang: Die Sprechdauer eines Gebetes, z. B. des Ave
Maria, galt früher als Zeitmass, vergleichbar unserer heutigen
Zigarettenlänge.

67 Länger als etwa im Wallis, im Kanton Freiburg oder im Jura
hat sich in Teilen der oberen Surselva das Tarockspiel erhalten.
Seit einigen Jahren erlebt es hier sogar eine eigentliche Renaissance und hat zwischen Breil/Brigels und Sedrun den Jass
fast ganz aus den Dorfbeizen verdrängt. Das Kartenschlagen
als Schicksalsbefragung ist hier hingegen nicht bekannt.
Gespielt wird mit den 78 Karten des «Tarot de Besançon». Die
vier Farben (Bâtons, Epées, Coupes, Deniers) haben je König,
Königin, Ritter und Bauer und die «leeren» Karten von Eins
bis Zehn. Dazu kommen die 21 Tarocke und der Narr, eine Art
Joker.

79 Der Katakombenheilige Modestus ist in Sumvitg eine sehr
populäre Figur, obschon ihn der Römische Heiligenkalender
von 1969 nicht mehr aufführt. Die Gebeine des sizilianischen
Märtyrers sollen im Jahr 1700 von acht Sumvitgern in Rom
geholt worden sein. Das romanische Kirchenlied zu seinen
Ehren umfasst 29 Strophen. Am Feiertag (15. Juni, auf den
nächstliegenden Sonntag verschoben) wird Modestus auf einem Katafalk als prächtiger römischer Hauptmann von sechs
Männern in schwarzen Radmänteln in der Prozession mitgetragen. Er wird besonders als Wetterheiliger verehrt. Bei
Unwettergefahr läutet man die ihm geweihte Glocke, bei grosser Trockenheit wird die Reliquienfigur auch unterm Jahr
über die Felder getragen.

97 Persifliert ein Gedicht des surselvischen Klassikers Alfons Tuor
(1871–1904): «Il semnader» (Deutsche Übersetzung 1934 von
P. Maurus Carnot: «Der Sämann»).

120 Pater Placidus a Spescha (1752–1833), Disentiser Benediktiner, Naturforscher, Geograf, Historiker, Sprachforscher, Alpinist, Erstbesteiger vieler Bündner Berge. Als Zölibatsgegner, Aufklärer und Anhänger der Französischen Revolution war er in der Surselva eine sehr isolierte Erscheinung und das Schreckenskind seiner Abtei.

135 Bevor Aluminium-Ohrmarken und Farbsprays diese Funktion übernahmen, wurde Schmalvieh, besonders Schafe, mit genau definierten Kerbschnitten und Löchern in den Ohren als Besitz eines bestimmten Bauern gekennzeichnet. Diese Markierung wurde in der Familie vererbt. Wenn ein Tier auf der Alp erfällt oder sonstwie umkommt, hat der Hirt wenn immer möglich als Beweis die Ohren abzuschneiden und im Herbst beim Schafscheiden vorzuweisen.

139 Der von einem Priester gespendete Alpsegen ist nicht zu verwechseln mit dem abendlichen Betruf der Innerschweizer Sennen und Hirten, welcher in der Surselva nicht üblich ist. Das Ansinnen von Giacumbert Nau, seine Alp selbst einzusegnen, ist deshalb blasphemisch.

143 Schon kurz nach der Jahrhundertwende gab es erste Pläne, auf der Greina einen Stausee zu bauen. Die Diskussion um verschiedene Projektvarianten dauerte bis zum Jahr 1986, als die Nordostschweizerischen Kraftwerke (NOK) auf eine Erneuerung ihrer Konzession verzichteten.

145 Statt die Greina in einem Pumpspeichersee zu ertränken, will die grosse Politik das Gebiet nun zur Kernzone eines neu zu gründenden Nationalparks «Adula» schlagen.

149 Clau (Nikolaus) Maissen von Sumvitg (1621–1678), Landammann der Cadi, Landrichter des Grauen Bundes, Landeshauptmann im Veltlin, eine Art lokaler Jörg Jenatsch. Er wurde zwischen Chur und Domat/Ems auf offener Landstrasse vom Pferd geschossen. Der Mord kam den Interessen von Hochgericht und Fürstabtei Disentis sehr entgegen, die Musketenkugeln der Mörder sollen zuvor im Kloster gesegnet worden sein. Der Disentiser Mönch und Schriftsteller P. Maurus Carnot (1865–1935) publizierte 1911 «Clau Maissen – Cumedia sursil-

vana» (Deutsche Übersetzung 1923 von Karl Fry). Die Zeile aus dem Prolog (... Den Mann zu wecken, der im Dome ruht ...) beruht auf einem Irrtum. Maissen wurde nicht in der Kathedrale von Chur, sondern in Domat/Ems beigesetzt.

195 Aus den grossen, bitterstoffhaltigen Wurzeln des gelben, des punktierten und des purpurfarbenen Enzians (Gentiana lutea, punctata, purpurea L.) wird ein begehrter Schnaps gebrannt. Eine Brennerei stand früher auf Plaun Burschina da Vinars im hinteren Teil der Val Sumvitg, eine andere existiert in Surrein bis heute.

205 Singen oder zerspringen, «cantar ni schluppar» muss er: Rätoromanische Chrestomathie XIII, 215, Der Kuckuck im Volksglauben der Surselva.

213 Strahlen, Kristallsuchen: Wie bei vielen anderen Verrichtungen, bei denen der Zufall, das Glück eine Rolle spielt, richtete man sich dabei nach den für günstig erachteten Lostagen. In der Surselva wurde seit dem Mittelalter gewerbsmässig für den Export nach Quarzkristall gesucht.

215 Agrena: Alte, nicht mehr gebräuchliche Bezeichnung für die Greina.

251 Angelehnt an den Text der «Canzun da Sontga Margriata» (vgl. Anm. zu Seite 51).

257 Anders als im voralpinen Hirtenland (Appenzell, Freiburg) sind in der zentralalpinen Surselva die Bräuche um Alpfahrt und Alpabzug eher bescheiden. Üblich ist aber, dass das Alppersonal vom Alpmeister am Tag der Entladung zu einer reichhaltigen Mahlzeit eingeladen wird.

Der Übersetzer

Peter Egloff, 1950 in Zürich geboren, ist freier Journalist und lebt in Sumvitg. Er hat von Leo Tuor auch «Onna Maria Tumera oder Die Vorfahren» und «Settembrini. Leben und Meinungen» übersetzt. Im Limmat Verlag ist von ihm «Neu-Splügen wurde nicht gebaut – Berichte aus Graubünden» erschienen. Die Übersetzung von «Giacumbert Nau» wurde vom Kanton Zürich mit einem Anerkennungspreis ausgezeichnet.

Leo Tuor
Onna Maria Tumera oder Die Vorfahren
Roman

Sein Vater hat sich umgebracht, seine Mutter ist darob kalt geworden. Jetzt wächst «der Bub» bei den Großeltern und der Urgroßmutter Onna Maria auf. Die Letztere wird seine starke Instanz, mit dem einarmigen Großvater Pieder Paul teilt er den Phantomschmerz, in der Suche nach anderen Menschen, denen etwas fehlt, nach Einarmigen und Einbeinigen, nach Prothesen, nach Vätern und Übervätern. Onna Maria spricht wenig, aber bestimmt, Pieder Paul viel, aber nur in Zitaten.

Leo Tuor zeichnet das Heranwachsen des Buben nach in einem ganz gewöhnlichen, katholischen Dorf zu einer Zeit, als Welten und Weltbilder noch geschlossen waren. Und so leicht seine Prosa ist, so wenig glättet sie diese kleine, exemplarische Welt voller Schrullen und Schratten, Enge und Größe, Schabernack und Tiefe. Die Erinnerungen fügen sich zu einer surselvischen Geschichte anhand von vier Generationen und integrieren zugleich das erzählende Ich in seine *genealogia*.

«Es ist diese Schwelle von unsystematisierter Oralität und geordneter schriftlicher Überlieferung am Anfang des Lesens, an die Leo Tuor immer wieder zurückkehrt und die seine Erkundung des Verhältnisses zwischen Vor- und Nachfahren leitet.» *Frankfurter Allgemeine Zeitung*

Leo Tuor
Settembrini
Leben und Meinungen
Roman

Wie Giacumbert Nau und Pieder Paul Tumera ist der Jäger Settembrini jemand, der an Geschichten glaubt statt an Gesetze. Er ist mit Geistern im Bunde und für jede Lebenslage mit einem Zitat bewaffnet.

Settembrini werden die Zwillinge Gion Battesta Levy und Gion Evangelist Silvester genannt, wenn sie allein unterwegs sind. Denn keiner kann sie unterscheiden.

So besteht «Settembrini» mal aus einem, mal aus zwei Onkeln des Erzählers. Sie sind seine Lehrmeister, Jäger in den Alpen, die der Gemse auflauern und die Weltliteratur nach Sinn und Wesen der Jagd durchpirschen. Mit ihrem geballten Fachwissen über Gemsen und Bücher überschütten sie ihren Zögling, der damit alsbald an der Jagdprüfung brilliert.

«Settembrini ist ein erstaunliches, angenehm selbstbewusstes Buch, die Übersetzung ist mit den Ramuz-Übersetzungen von Hanno Helbling zu vergleichen: absolut preiswürdig.» *Frankfurter Allgemeine Zeitung*

«So ist dieses Buch eine subtile Meditation über das Töten und eine stille Hommage an die Toten, ein Hymnus auf das Leben und die Literatur, schliesslich eine Verneigung vor den Epiphanien der Imagination, die all dies erst möglich macht.» *Neue Zürcher Zeitung*

www.limmatverlag.ch

Oscar Peer
Das alte Haus | La chasa veglia

Gisep Fluri versinkt in Melancholie, nachdem sein leichtsinniger Sohn Domenic nach einem Streit spurlos verschwindet und kurz darauf seine Frau stirbt. Abends sitzt er im Gasthaus und trinkt Cognac, den er sich gar nicht leisten kann. Lemm, der Wirt und Gemeindepräsident, schreibt an. Als Gisep Fluri stirbt, hinterlässt er seinem jüngeren Sohn Chasper ein überschuldetes Heimwesen, das Lemm bereits als seines betrachtet. Chasper versucht, Geld aufzutreiben, er will in dem alten Haus der Familie bleiben. Johanna, seine grosse Liebe, die inzwischen mit einem anderen Mann verlobt ist, will ihm helfen.

Der Wirt schickt Betreibungen, Touristen besichtigen ungefragt das Haus. Aber noch gibt Chasper nicht auf ...

Eindrücklich schildert Oscar Peer, wie sich die Menschen in dem kleinen Dorf gegenüber dem unschuldig ins Unglück geratenen Chasper verhalten. Und er beschreibt die Gefühle, die Chasper im Kampf um sein Haus durchlebt.

«Oscar Peer schildert in seiner Erzählung eine ländliche archaische Gesellschaft und ein Ambiente, das wohl in die Mitte des 20. Jahrhunderts zurückweist; die Konflikte und Nöte jedoch, die er darstellt, sind zeit- und ortlos.» *Neue Zürcher Zeitung*

Oscar Peer
Das Raunen des Flusses

Der Erzähler kehrt im Herbst seines Lebens zurück zum verlassenen Haus am Inn, an die Orte seiner Kindheit im Unterengadin. Er findet Spuren und Erinnerungen an Menschen, an Landschaften und Gerüche. Das tägliche Leben taucht vor ihm auf, die Schule, Streit und Versöhnungen. Wichtige Menschen sind wieder da, der Vater, Eisenbahner und unersättlicher Leser, die Mutter, passionierte Briefeschreiberin, die Freunde, Lehrer, das harte Leben und die manchmal eigenwilligen Grossväter.

Der Autor vermeidet die lineare Chronologie. Konzentriert um Orte, Themen und Personen, setzt sich die Jugendgeschichte Stück um Stück zusammen. Erinnerung und Imaginäres wechseln sich ab. In der Tradition einer eindrücklichen oralen Erzählkultur, die von Generation zu Generation weitergegeben wurde, erzeugt Oscar Peer eine einzigartige Stimmung vom Alltagsleben im Engadin der Dreissiger und Vierzigerjahre.

«Oscar Peer beschreibt auf beeindruckende Weise die einzigartige Stimmung des Alltagslebens im Engadin der Dreissiger- und Vierzigerjahre. Erinnerungen und Imaginäres wechseln sich in seinem Werk ab. So entstand ein berührendes Buch, das Kulturgeschichte des Unterengadins schreibt.» *Rheinischer Merkur*

www.limmatverlag.ch